南方传媒研究

NANFANG MEDIA RESEARCH

南方报业传媒集团 南方传媒学院 主编

王辰瑶 主动“把关”：网络空间下新闻生产的思考

职业新闻生产者既不能对网络空间无比丰富、无比迅速和易于形成社会热点的传播特点视而不见，一味地强调“脚板底下出新闻”，更不能在信息大潮中亦步亦趋，跟风炒作，放弃自我。职业媒体应当把网络所提供的信息视为相当有价值的资源，以高度的自信进行主动的新闻把关。

020

李宗陶 阅人有数——采访龙应台的故事

记者面对一个人，看、听、记、想，再全面丰富终是时空一段，不是全部，无法涵盖主人公的过去现在，做和说，善和恶，表面和内心，故事的阳面阴面以及所有的中间地带。更何况，所有的人和事，都在变动中。即使在相对静止的一段时间里，要真正把握一个人是多么艰难。

079

卢新宁 重塑现代政治话语体系

——《选择，凝聚在信仰的旗帜下》任仲平写作体会

毫无疑问，我们这个时代所显现出的包容性，为处于非主流地位的媒介提供了广阔的生长空间，为多元化的价值取向和各种观点的自由表达提供了前所未有的舞台。它们的出现，对长期占据新闻媒介主流地位的党报政论形成了冲击和挑战。重塑政治话语体系，首先要使之更加符合时代要求，更加契合受众心理，更加具备传播力，突破刻板语态、改造僵化文风。

092

南方日报出版社
NANFANG DAILY PRESS

图书在版编目（CIP）数据

南方传媒研究·第三十九辑：新闻把关 / 南方报业传媒集团 南方传媒学院主编．—广州：南方日报出版社，2012.12

ISBN 978-7-5491-0741-4

Ⅰ.①新… Ⅱ.①南… ②南… Ⅲ.① 新闻工作-研究 Ⅳ.① G210

中国版本图书馆 CIP 数据核字（2012）第 302111 号

南方传媒研究

第三十九辑：新闻把关

南方报业传媒集团 南方传媒学院 主编

出版发行 南方日报出版社
地　　址 广州市广州大道中 289 号
电　　话 （020）83000502
经　　销 全国新华书店
印　　刷 广州市怡升印刷有限公司
开　　本 787mm×1092mm 1/16
印　　张 12.5 彩插 0.5
字　　数 250 千字
版　　次 2012 年 12 月第 1 版
印　　次 2012 年 12 月第 1 次印刷
定　　价 28.00 元

投稿电话：020-83003364 83004106
网址：http://media.nfdaily.cn

目录 Contents

NO.39

传媒动态 006

本期焦点「微博时代的新闻把关」017

记者讲述 069

专稿 092

庭荣视界 102

新媒体 109

主编絮语 123

采写编 135

学者视窗 155

东瀛专稿 173

分拆前夜，新闻集团高层变阵
同时宣布电子收费杂志The Daily停刊
药商跟热塑“触网”
“明年风投会入场”
苹果详解iPad mini
为何选择7.9英寸
102

传媒茶座 183

微博话题 197

编后记 200

中间插页

编　委　会

地　　址　广州市广州大道中289号

电　　话　020-83003364　87363753

传　　真　020-83004106

邮政编码　510601

电子邮箱　nfcmyj@vip.163.com

nfcmyj@163.com

网　　址　http://media.nfdaily.cn

http://www.nfmedia.com/cmzj/cmyj/

“我告诉华盛顿邮报，中国新闻审查确未有终结，但我们凭借新技术、新工具获取前所未有的言论自由，可对大多数问题快速、激烈地发表意见。对微博这片大海，审查成本和难度实在太大，空间由此产生和持续拓展。一些曾经不能触碰的话题因为广泛讨论而失去敏感，新闻审查终将退出。”

《凤凰周刊》记者部主任邓飞9月27日在转发了一条关于缅甸取消新闻审查制度的微博后点评道。

人民网舆情监测室说，传统媒体更多采取“传递正能量”机制来实现自己的价值。倘如此，“正能量”之说，不过是“坚持正面的舆论导向”和“以正面宣传为主”的换汤不换药的说法而已。

新媒体批评者胡泳10月7日在微博点评近来热词“正能量”。

“未来的互联网除了客户端没有别的，URL输入框、搜索输入框，包括键盘这些东西都会被扔到‘回收站’里。”

9月11日，暴风影音CEO冯鑫在2012年中国互联网大会发表主题演讲。冯鑫指出，桌面是网民唯一需要的入口，也是所有做互联网公司的唯一出路。

央视最近每日播出的“你幸福吗”系列报道，怕是近年最失败的新闻策划。一是居高临下，主题先行，致使采访与被采访者之间关系尴尬；二是国庆期间十八大前记者所期望的回答，让真实的回答也有了虚假的效果；第三，以如此抽象问题突然提问，犯了采访的大忌，回答必然言不由衷或答非所问。

深圳大学传播学院特聘教授辜晓进10月6日点评不乏争议的央视“你幸福吗”报道。

中国有言论自由吗？这个非黑即白的问题已经无法对应灰色的中国。事实是，中国的言论自由度不及西方社会，但中国早已非禁言国度，言论开放在一轮轮扩大，不可逆转。作为人口超级大国，中国也是问题和矛盾超级大国，对公共言论的克制有一些天然需求。言论自由的自我释放力量在不断消化克服这些现实需求。

环球时报总编辑胡锡进10月12日在微博上如此描述中国言论自由现状。

一方面不断开拓自己的视野，努力学习从更高的高度观察问题、分析问题；另一方面认真对待每一次采访和写作，争取写出有质量的稿件——不为别的，为的是将来面对自己的报道时不用哭。

《中国青年报》特别报道部副主任，高级记者刘万永在《中国记者》10月号上撰文《做有硬度的新闻》中如是说。

写一句“元芳你怎么看”，既不需要动脑子、花心思，也不必具备判断力和立场，甚至让人看不出“三观”是什么，所以，我把这种现象看作庸众的狂欢，是微博时代的第十二套“网络广播体操”。广播体操的特点就是整齐划一，却无丝毫美感。

专栏作家、时事评论员魏英杰10月20日在华商报上点评眼下最火的“元芳体”。

电子报代表不了纸媒发展的未来走势。《新闻周刊》由纸质版变成完全的“电子报”，我们不应从纸媒的未来发展趋势角度来解读，认为电子报是纸媒的未来。而应从一家媒体经营不善破产关张的角度进行解读。

《中国记者》杂志值班主编陈国权10月24日在人民网撰文《不应对〈新闻周刊〉只出“电子刊”过度解读》点评《新闻周刊》结束纸质出版事件。

“微博的兴盛，让很多人欢喜，它到底应该带给我们什么？一定不是偏激愤怒，打杀声一片；不是毫无遮拦的‘吐槽’，不负责任的转发；不是按立场站队，划清界限。”

左小祖咒在祖宅遭强拆后发布了一条微博——将和不支持他立场的关注者“划清界限”，中国青年报评论部主任冯雪梅11月6日就此事发表评论文章《微博到底带给我们什么》说道。

有人说有记者证才为真记者，此谬误。讲真话的新闻从业者，即真记者；讲假话的新闻从业者，即假记者，不管你是人民日报的还是CCTV的甚至是新华社的；凭记者身份，以报道名义违法犯罪者，即黑记者。

知名记者王克勤在记者节发微博评论记者身份。

莫言

首位获诺贝尔文学奖的中国籍作家。莫言原名管谟业，生于山东高密县，中国当代著名文学家、剧作家。1980年代中以乡土作品崛起，充满着“怀乡”以及“怨乡”的复杂情感，被归类为“寻根文学”作家。作品深受魔幻现实主义影响。2011年凭借长篇小说《蛙》获第八届茅盾文学奖。

吉米·萨维尔

萨维尔是英国BBC著名音乐节目主持人，当年有“全球第一DJ”之称，他于2011年10月去世。但近日吉米·萨维尔性侵未成年人和精神病人的“超级丑闻”曝光。警方证实遭萨维尔性侵的受害者已经增至450人。首相卡梅伦对事件感到震惊，要求彻查案件并暗示可能会剥夺萨维尔的爵士勋衔。

加藤嘉一

2012年10月31日，日本杂志《周刊文春》刊文《在中国最有名的日本人加藤嘉一履历造假？》揭露加藤嘉一诸多履历内容均系编造。同日，加藤嘉一在其日本官网发表《道歉报告文》。文中说“我确实没有考进东大，对此前的各种行为所造成的误解给予道歉，今后会以自己的努力表达出自己正确的经历，谢罪以及洗涤自己的污名，是自己作为信息传播者的责任”，但其道歉声明未对其他质疑作出解释。

纳库拉·巴塞利·纳库拉

美国籍导演纳库拉·巴塞利·纳库拉7月份将亵渎穆罕默德的影片《穆斯林的无知》上传到视频网站，激怒了穆斯林。利比亚武装人员借此袭击美国驻班加西领事馆，导致美国驻利大使史蒂文斯和另外3名美国人身亡。美国一家法院11月7日判处纳库拉一年监禁。

马英九

11月16日，《经济学人》亚洲版中有关马英九的报道，标题内使用了bumbler一词，被台湾媒体译为“笨蛋”，亚洲版主编齐格勒回函给台湾当局“驻英代表处”时指出这是“严重的错误翻译”(gross mistranslation)。

李元芳

10月份，“元芳体”突然蹿红网络，相关微博已达到近250万条，成为近期网友表达诉求和质疑的经典句式。“李元芳”是电视剧《神探狄仁杰》中的一个角色。“元芳,你怎么看”是狄仁杰常对他说的一句话。李元芳标准回答是：“大人，此事必有蹊跷。”

金正恩

著名讽刺恶搞网站美国洋葱新闻网（http://www.theonion.com/）近日公布了一份榜单，称现年29岁的北朝鲜最高领导人金正恩正式当选为“洋葱网杯2012年在世的最性感男人”。11月27日，人民网全面转载该报道并配以55张金正恩的高清图片。

纪许光

曾供职于《南方都市报》现为独立撰稿人的纪许光11月20日通过网络曝光重庆市北碚区区委书记雷政富性爱图片和相关内幕，63小时后，重庆市委研究决定免去雷政富书记职务，并对其立案调查。纪许光本人曾发微博：“高调反腐，我之选择！完美胜利，我之骄傲！”。

袁仁国

12月3日，此前被曝为中国“最牛记者”的贵州茅台董事长袁仁国被注销记者证。事件曝光后“记者”的供职单位《消费日报》给予的解释是，在很多年前，袁仁国作为特约记者给报社供稿。

“航母 Style”走红

图说

11月24日，中国首艘航母“辽宁舰”成功起降歼-15舰载机，让广大军迷激动万分。其中，报道视频中出现的中国航母地勤指挥歼-15起飞姿势受到网友追捧，并称之为“航母Style”。而下达起飞指令的动作被网友戏称为“走你”。这一动作立即掀起了网络模仿热潮，成为继骑马舞招牌姿势后又一全民模仿的招式。网友纷纷自拍上传自己的“航母Style”照片，表达对中国航母实现舰载机起降的欣喜之情。央视《新闻联播》，也以“航母Style走红，祖国强大，振奋人心”为题对此事进行了关注。

数字

*6350*万

Facebook中国用户3年增长7倍

伦敦咨询公司GlobalWebIndex 9月29日表示，自从2009年以来，Facebook中国用户增长7倍。今年二季度，Facebook中国用户达6350万，2009年时只有790万，在同一时间段中，Twitter的中国用户也增至3倍，达3550万。

*15*亿

全球移动互联网用户已达15亿，流量占比12%

移动互联网的速度已经远远超过了桌面互联网的发展速度，根据国际电信联盟的数据，截至9月29日移动互联网用户数已达15亿。移动流量在整体互联网流量中的占比已达12%，而2009年初，该数字只有1%。

*3*倍

美国新媒体市值已达到传统媒体的3倍

美国日前发布的《2012美国互联网产业报告》显示，美国新媒体市值已达到传统媒体的3倍。在新媒体1万多亿美元的市场中，苹果占据了一半以上的份额；传统媒体3000多亿美元的市场中，迪士尼与康卡斯特共同占据了半数以上的份额。

350万

10 亿欧元

5.14 万元

8.05 亿次

165 个

数字

中国报纸一年流失读者 350 万

中国广告协会报刊分会联合央视市场研究(CTR)监测 60 个城市的数据显示：从 2010 年到 2011 年，仅仅 1 年的时间，报纸读者流失了 350 万，35 岁以下人群读报的比例 2005 年为 47.6%，2011 年下降到了 31.3%。其间，“50 后”、“60 后”的读报比例几乎没变，“70 后”下降一点点，而显著下降的是“80 后”这一年龄段的人群。

法国给 Google 开出的税务账单

近日，法国税务部门将向 Google 开出 10 亿欧元的税务账单，以弥补此前 Google 法国公司将收入转移至爱尔兰而逃避的税款。经过计算得知，Google 法国 2011 年仅向法国政府缴纳了 500 万欧元的企业税，而其营业额高达约 14 亿欧元。

新加坡重罚垃圾短信

新加坡国会 10 月 15 日通过个人信息保护法案，禁止向个人发送市场推广类短信等垃圾信息，个人信息保护署可以对违反法案行为施以不超过 100 万新元的处罚；向保护名单中的号码发 1 条垃圾短信，可能面临最高 1 万新元（约合人民币 5.14 万元）的罚款。

《江南 Style》打破 YouTube 播放纪录

YouTube 在官方博客上透露，尽管刚刚四个月（2012 年 7 月 15 日上传），《江南 Style》的流行令人咋舌，截至 11 月 24 日上午，《江南 Style》视频的观看次数已逾 8 亿次，并有望于 12 月 16 日成为 YouTube 历史上首个观看次数突破 10 亿次的视频。

四大微博平台上的外国政府机构微博数量

11 月初，中山大学副教授张志安发布了国内第一份《外国政府机构微博研究报告》。据统计，截至 2012 年 6 月 30 日，四大微博平台上（新浪、腾讯、网易、搜狐）共有实名认证的外国政府机构微博 165 个。其中，在新浪平台开通微博数最多，共 95 个；腾讯次之。在所有微博中，旅游局的微博最多，有 66 个。

《纽约时报》员工抗议薪酬不佳

10月9日上午，由于对薪水和工作环境的不满加剧，约有375名《纽约时报》员工周一聚集在该报纽约总部门口抗议。很多员工从一个入口走出总部，在周围转了一圈，然后从另一个门进入，参加活动的员工都是利用了自己10-15分钟的休息时间，并没有延误正常工作。在华盛顿特区，同样有23名《纽约时报》员工采取了类似的抗议活动。

巴西报纸禁止谷歌转载

巴西全国报纸协会10月20日宣布，作为该协会会员的154家巴西报纸将全面禁止谷歌新闻网站转载他们在报章上发表的新闻内容。协会批评谷歌拒绝为转载付费，而且分流了这些报纸官方网站的访问量。巴西全国报纸协会主席里托说："Google新闻给互联网读者提供新闻报道的头几行摘要，这种服务降低了读者到报纸官网阅读完整的新闻报道的可能性。"

北京地铁兜售"山寨京华时报"

10月19日，一份充斥了各种耸人听闻的假新闻，并与《京华时报》封面极其相似的"报纸"——"京华快报"在北京的地铁里叫卖，在读者中、网络上引起轩然大波，给《京华时报》造成恶劣影响。新浪微博接到举报后，立即辟谣，并在相关微博的醒目位置进行了不实信息标注，《京华时报》官方微博也迅速澄清了事实真相。

京华快报

山寨

京华时报

正版

@海留公关

《读者》正式推出智能手机

10月19日下午，《读者》杂志联合国内厂商斐讯正式发布了自家定制的首款手机产品，命名为 i800 挚爱，该机的售价为 999 元，将会内置《读者》杂志 30 年的合刊以及云端图书馆。今后的读者期刊也会在手机内置的 APP 里进行推送，对于热爱《读者》这本杂志的朋友来说是一个不错的电子书阅读器。

人民日报·迎接党的十八大特刊

会转型。

时间证明了这一点。时间也交出了

回望10年历程，中国社会结构变

大、遭遇的外部环境之复杂，实属罕见

了，全球化、民主化、信息化的浪潮又不

慌，拼爹时代、屌丝心态，极端事件、群

政府的关系进入"敏感期"。人民群众

屌丝登上《人民日报》

来自2012年11月3日第五版十八大特刊

"屌丝"登上人民日报

11 月 3 日一向以严谨著称的《人民日报》在见报文章中，首次使用了在互联网上走红的"屌丝"一词，并用"屌丝心态"来形容当下社会中的一种集体心态，引发网友广泛关注。已拥有 273 万粉丝的《人民日报》官方微博，在 11 月 2 日的晚安帖当中也首次使用了"屌丝"一词。这条微博写道，"【你好，明天】经济总量、外汇储备、高速高铁，构成发展中国；分配焦虑、环境恐慌、屌丝心态，映射转型中国……"

人民日报海外版官方网站"海外网"正式上线

人民日报海外版官方网站——海外网(www.haiwainet.cn)11 月 6 日正式上线，迈出人民日报海外版数字化转型的重要一步。海外网是人民日报海外版数字化转型建设的核心内容和重要支撑平台，定位为"当代中国的权威解读，全球华人的精神家园"。

MSN 将全球下岗 独守中国内地

微软公司 11 月 7 日宣布，MSN 服务（中国内地以外地区）将在 2013 年第一季度停止使用，业务并入 Skype 之中。MSN 是微软的一款 IM 软件，已有 13 年历史，一度是全球最大的即时通讯软件，高峰时曾占据全球 40.67% 的市场份额。去年 5 月，微软斥资 85 亿美元收购 Skype，并逐步将 Skype 集成到微软的系列产品中。

119！全球新闻从业者死亡人数创新高

法新社11月22日援引全球媒体监察机构国际新闻学会提供的数据报道，2012已有119名“一线”新闻从业人员死亡。前14年间，死亡人数最多年份是2009年，共计110人丧生。2011年这一数字为102人。今年从业人员死亡人数最多的场合是叙利亚，合计36人。另外，索马里、墨西哥、巴基斯坦和菲律宾对从业人员而言相对危险。越来越多新闻从业人员丧生，“趋势需要引起警觉……过去15年间，大多数冲突中，(有人)以阻止信息传播为目的，把记者视为袭击目标”。

玻利维亚主持人直播遇袭 蒙面人向其泼油点火

玻利维亚大众电台主持人费尔南多·维达尔10月29日主持直播节目时遭人泼汽油并纵火，遇袭过程被直播。当时4名蒙面人闯进位于玻利维亚亚奎瓦市的电台直播间，向维达尔泼汽油并点燃，维达尔和一名技术人员烧伤。维达尔曾在节目中严厉批评政府，可能是遇袭原因。警方已抓捕3名袭击者。内政部承诺调查。

以军承认把3名巴记者作为目标炸死

以色列在11月20日对加沙地带的空袭行动中，先后炸死3名巴勒斯坦记者。事发后，以色列军方承认锁定了这些记者，称这些记者与哈马斯武装分子有关，这是以军方首次承认将记者作为袭击目标。哈马斯运营的电视台“Al Aqsa TV”负责人称，以色列20日空袭加沙地带两辆汽车，造成3名巴勒斯坦记者丧生，其中两人是该电视台的摄影记者。这两名摄影记者在医院完成采访后，乘坐有记者标志的汽车在返回途中遭导弹击中，尸体严重损毁。

广州白云区绿地中心工地部门负责人暴打记者

10月29日上午11时许，广州白云区绿地中心施工工地发生一起事故，一名在10米高空拆卸广告牌的工人意外坠亡。事发后，工地迅速派人将四周封闭起来，驱赶正在采访的记者，并遭疑似醉酒的工地部门负责人朱某锦辱骂、威胁，其中南方电视台记者被打至骨折。中午时分，当南方都市报摄影记者站在外围拍照时，一名带有明显酒气的男子突然冲过去，抓抢相机，并扬言，“再拍，我就打死你。”

环球时报：
“跨省撤稿”，莫用沉默隐晦刺激猜测

第一，媒体有它们应当受到尊重的底线，即使它们的某一篇报道出了格，或是犯了别的什么错，这条底线也不应被踩踏。第二，在周智琛社长公开抗议但又说话隐晦的情况下，官方应及时回应公众的疑问，至少要吭吭声，这时的沉默只会加剧人们对“跨省封报”内幕的遐想，把灰的想成黑的，从而使整个体制为一个具体个案埋单。中国媒体业现在有个很大的问题，即一些部门利益甚至少数官员的个人利益不断搅进媒体的采编过程，越是主流媒体，受这些利益的干扰越多。

京华时报：
《新闻联播》播“寻人启事”的人本价值

新闻联播是中国收视份额最大的新闻节目。公众希望它能改变一下刻板印象，既能看到全国最重要的新闻，也期待能看到这些新闻和自己的直接关系。无论新闻的主角职位大小高低、故事悲喜忧欢，越是真实、越从生活中来，越能找到人性的共鸣，新闻就越有生命力。就新闻联播本身，这些年我们还是看到了一些变化。比如不少普通人开始登陆央视新闻联播，甚至还有农民工兄弟连着四天在新闻中“讨薪”的报道。这是一种进步，它一方面意味着新闻人主动求变，求观众认同，求社会关注；另一方面公众更多能从新闻中，找到他们关注的问题，获得非常真实的帮助。

周志懿：传媒产业大发展需要执政党的自信

11月初，资深传媒人周志懿推出新著《大传媒时代》，其中提到：“在这个传媒繁荣的时代里，对传媒事业的信任和包容也许更能起到推动传媒产业发展的作用。唯有以‘有容乃大’的胸怀作为管理媒体特别是网络新媒体世界的指导思想，唯有以不断创新的精神推动传媒业的繁荣，有强大的社会主义核心价值体系做支撑，有中华文化几千年的潜移默化的熏陶，中国传媒业自然会成为推动社会主义事业前进的强大力量，成为真正的生产力。当然，这需要一个国家、一个民族，特别是执政党的自信。”

新时期如何办好党报？

——南方日报改版10周年研讨会召开

12月20日，人民日报《新闻战线》杂志社、南方报业传媒集团在广州举办南方日报改版十周年研讨会，总结南方日报十年改版和各地党报改版的经验，并就如何更好地履行党报使命及进一步推动其更好发展深入研讨。

广东省委宣传部常务副部长、南方报业传媒集团党委书记杨健到会致辞。

南方报业传媒集团管委会主任、南方日报社社长杨兴锋作题为“社会主义市场经济条件下办好党报的南方实践”的主题报告。杨兴锋说，这十年，南方日报九次改版，不断创新，坚持“高度决定影响力”，以“科学发展立报、改革开放立报、解放思想立报”为报魂，交出了一份浸透智慧汗水的答卷——如何遵循舆论引导规律，履行党报主流主导使命？如何遵循新闻传播规律，实现党报可读悦读目标？如何遵循市场经济规律，破解党报做大做强命题？这三大命题，是在社会主义市场经济条件下进一步办好党报所必须解决的。正是从这个意义上讲，南方日报的创新实践可能具有一定借鉴意义。

杨兴锋指出，站在改版十年这个新的历史起点上，南方日报必须处理好导向与特色、内容与渠道、继承与创新三组关系，继续推动南方日报的创新发展。改革永远在路上，其命惟新，永不言倦。

研讨会由《新闻战线》杂志社总编辑胡欣和南方报业传媒集团总编辑、南方日报社总编辑张东明共同主持。来自新华社、《新闻战线》杂志社、《中国记者》杂志社、中国新闻出版报等媒体以及天津日报、吉林日报、新华日报、浙江日报、河南日报、湖北日报、湖南日报、广西日报、海南日报、重庆日报、四川日报、云南日报等省级党报的负责人对党报改革进行了深入研讨。中国人民大学、中国传媒大学、武汉大学、暨南大学等高校的传媒学者先后作主题发言。 （雷辉 辛均庆 徐林）

A06
南方日报改版十周年研讨会昨日举行，探讨中国党报未来发展
依靠创新驱动 方能事业长青
社会主义市场经济条件下办好党报的南方实践
多极化竞争下的党报创新

A07
“党报要成为不可替代的信息产品”
党报全媒体转型首先要转变观念

本期焦点「微博时代的新闻把关」

本期焦点「微博时代的新闻把关」

编者按

"把关（gatekeeping）"理论，由美国社会心理学家、传播学四大先驱之一的卢因率先提出，帕米拉·休梅克《大众传媒把关》一书继之而起。在新闻传播的整个流通过程中，自始至终都存在着各种各样的把关环节："记者在纷纭复杂的变化世界中，选择什么事件予以报道属于把关，编辑选择哪篇稿件予以刊登，同样属于把关；一篇报道放在什么位置，是突出，还是淡化，也是把关；甚至受众偏爱哪些媒介，注意哪些报道，以及记住哪些内容等，都是把关"（李彬：《全球新闻传播史》）。

微博的强势崛起，冲击了纸媒的传阅发行，改变了舆论的主导力量，也在一定程度上冲击了以新闻专业主义为追求的纸媒采编把关准则。层层把关的精英办报再也赶不上层出不穷的新闻事件的网络传播速度？多方核实的纸媒再也无法主导"遥遥领先的预言"的多元舆论场？微博时代，纸媒的新闻把关，是否到了需要优化的时刻？新闻专业主义该如何坚守？道理愈辩愈明。

漫画 邝飚

主动“把关”：网络空间下新闻生产的思考

□王辰瑶

王辰瑶

与很多西方新闻学中的概念一样，“把关人”在“西学东渐”的过程中也出现了意指转移的现象。因此，在谈论当下的新闻把关问题之前，不得不先学究气地对理论及其使用语境略作分别。

“把关人”理念是美国心理学家卢因在研究战争期间家庭食物流动情况时提出的，当时关注的重点是影响“把关人”的个体心理因素。数年后，传播学者怀特通过对一位日报编辑工作情况的著名观察，验证了“把关人”在新闻生产领域的存在。此后，不断有学者对新闻领域的“把关”现象展开研究，研究路径也逐渐从注重个体、认知、动机等心理层面的“把关人”转向注重群体、组织、行为和体制层面的“把关”现象。但总的来说，在有保护新闻自由之法治传统下展开的“把关”研究，其着眼点在于客观理解这一在新闻生产中普遍存在，并对媒介图景的建构产生重大影响的现象，并不热衷于谈论如何“把关”才更好，而这一点恰恰是国人对作为泊来品的“把关”理念的兴趣所在。

在完全不同的语境下，我们对于“把关”问题很少做“实然”层面的探究，而多是“应然”层面的期许。一是从管理者的角度，期许媒体能通过“把关”站在正确的立场上，引领正确的舆论导向；一是从生产者的角度，期许媒体能通过“把关”，提升新闻品质和专业素质，在媒介竞争中立于不败之地。这两类期许侧重点有所不同，但都代表了一种主动求进的愿望，希望通过“把关”让新闻媒体达到它应该达到和可能达到的理想境界。因袭这一思路，我们实际要谈的就是在新的媒介环境下，职业新闻媒体应该如何“把关”的问题。

这一问题之所以在今天变得突出，源自基于网络技术的各种新型信息传播方式给新闻生产带来的冲击。每一次网络技术和应用形式的创新，似乎都会带来一波对新闻业重新审视的浪潮：电子邮件、电子信息公告牌、新闻组、门户网站、论坛、社交网站、博客、播客等等，都曾引起过对新闻业之未来的担忧或憧憬，而最新引领讨论的是代表性的社会化媒体——微博。这种类似于“公开的短信”的传播形式以其碎片化内容、裂变式扩散和兼容开放的平台设计以及在中国语境下特别突出的“永不闭幕的新闻发布会”的特色，成为 web2.0 和移动互联网时代最耀眼的明星，并且再一次地使职业新闻媒体的角色面临某种挑战。

的确，当看微博远比看报纸要丰富和过瘾，甚至职业媒体的议题大半都来自网络热门话题的时候，人们自然不免对职业媒体的未来充满担忧。

职业媒体不再“把关”了吗？不。正如卢因最早所揭示的那样，只要通过渠道流动就一定存在“把关”。职业新闻人每天面对的微博何止成百上千条，最终选择的也不过数条，这不能说不是“把关”。之所以出现纸媒为微博“背书”，职业新闻炒网络热点“冷饭”的现象，并不是职业的新闻生产机构不再“把关”，而是它们的把关能力变得低下的结果。

2012年11月13日 星期二 编辑 曹金良 美编 刘鹏 美编助理 龙李华 校对 梁飞飞 | A19

城事 NEWS

男童地铁大便 父母匆匆离去

网友热议“大便弟”，理解小孩内急，但父母应处理现场

“大家没看错，那孩子在角落拉屎！”11月10日，网友“李小冷S”在广州地铁三号线看到了让人震惊的一幕：当地铁经过赤岗塔站至客村站附近时，一个男孩在车厢的角落里突然蹲下大便，当时他的母亲尴尬地轻声道歉，而父亲也站在旁边。“大便弟”随即在网上引起公愤。

广州地铁三号线现“大便弟”。@李小冷S 供图

统筹：罗苑尹 采写：张俊杰 熊薇 罗苑尹

母亲尴尬父亲淡然

11月10日下午6时许，新浪微博网友“李小冷S”从珠江新城地铁站上了地铁3号线，往番禺广场驶去。“一上车，就看到那个男孩捂着肚子猫着腰，显得很难受。”网友回忆，她在列车前进方向的第二节或第三节车厢上车，这名小孩看上去约七八岁，站在列车门边，好像正在闹肚子。当时还有孩子父母模样的两名大人跟在一旁。

几分钟后，当列车接近赤岗塔站时，“李小冷S”看到，这名小孩突然蹲了下来，脱下裤子，就地大便起来。几秒钟内，周围乘客纷纷捂住鼻子，“李小冷S”也闻到一股臭味。她说，自己看不下去，走上前向孩子母亲说了一句“怎么可以这样”，这时孩子母亲也一脸尴尬，额头上冒出大滴汗珠，小声地说了一句“不好意思”。

“孩子的父亲反而很淡定。”这名网友说，她看到孩子的父亲站在一旁，问妻子“还有没有纸”。之后再没有乘客上前劝阻，几分钟后，地铁驶进客村站，门一开，孩子父母就拉起孩子，快步走出了地铁站，“一边走一边说‘快走快走’”网友说，3个人并没有清理小孩的大便，而是立刻离开，留下了一大坨粪便和一车厢惊愕的乘客。

也有乘客表示宽容

在客村地铁站，列车涌进了大量乘客，站台上有几名乘务员在维持秩序，但并没有留意到发生了这样一幕。“李小冷S”说，她未及呼叫乘务员，列车便关上了门。上车的乘客看到地上遗留的大便，纷纷闪开，有的人还爆出了粗口。

随后，所有乘客都远远避开了这坨粪便，整节车厢只有一两个人。列车就这样一路向南驶去，直到“李小冷S”在大塘地铁站下车，大便仍未清理。“我看到列车上有一个紧急按钮，但不知道这种情况是否可以按。”她说，第一次在地铁上遇到这种情况，列车上的其他乘客大概也从未遇到，一时不知该如何处理。

当晚，“李小冷S”发出了这条微博，她并没有想到这条微博竟然“火”了。她在微博中称，遇到这种突发状况，即使迫不得以，孩子的父母也应该清理一下现场，或者向地铁工作人员报告，“至少可以找人借张报纸遮盖一下。”

网友“风骂月舞”表示了宽容：人有三急，而小朋友又不懂得忍。另外众所周知，广州地铁里是没厕所的，就算立马抱走，出站再找厕所也不一定找得到和来得及。网友“禅定无极”也表示：毕竟是孩子，互相理解一下吧。

官方回应

遇内急下车 找工作人员

在地铁内随意便溺，“大便弟”会否受到处罚？在现行的《广州市城市轨道交通管理条例》中规定，禁止在车站、站台、列车或其他城市轨道交通设施内随地吐痰、便溺等废弃物。城市轨道交通经营单位可对这些行为责令纠正，进行清理，还可以根据事情严重性，处以20-50元罚款。

广州地铁表示，如果因为身体的原因，或者是老人、小孩难以控制，也会人性化地处理。如果老人、小孩、孕妇以及有特殊状况的乘客，在地铁真的大小便难以忍耐，也可以下车请求工作人员的帮助。遇到此类情况，乘客还可以通过车内的对讲按钮，与司机联系。车站工作人员、司机都会及时联系车辆保洁员，及时上车清洁。

网友建言

拉在报纸上 下车时带走

不少网友提及，地铁上厕所设置不够。网友“血鹰驾憨”指出，广州地铁站厕所太少，尤其是火车站这么大，居然没有厕所。也有网友建议，地铁应该每个站点都能方便地找到厕所。

昨日，南都记者注意到，包括客村站等部分站点的入闸处，设有展板显示有厕所的站点，但三号线除嘉禾望岗外，其它各站都需出站才能找到厕所。据广州地铁介绍，目前广州地铁共有站内厕所16个，分布在2、3、4、5号线以及APM线的部分车站，周边80多个厕所的指引此前曾向公众发布。

广州地铁表示，早年由于地铁的线路少，全程耗时短，因此地铁公司并没有考虑在地铁站配备厕所。此外，因为在地下且相对密闭的空间建厕所，要考虑供水、吸水、排水、通风除臭等问题，所以在技术方面也有一定难度，以及安全监控的问题。

网友“只围观不嗜血的蚊子”建议，实在不行的话，“大人可以让小孩把便便拉在报纸、纸巾或塑料袋上，下车时带走。”

大量的研究和新闻实践的事实都表明，在信息爆炸的时代，职业化的新闻传播不仅不能被分散的公民传播所取代，而且会变得更为重要。但现实却是，原有的媒体确实在发展之路上危机重重，步履维艰（从这个角度上讲，它们真的可以叫“传统”）。

造成这一情况的原因很多，比如职业新闻媒体能否在网络环境下找到新的盈利模式就是相当关键的因素。可以这么理解，当前的危机并不是职业新闻的危机，而是现有的媒介形态和媒介组织的危机。或者找到在网络时代生存发展的新路径和新方法，或者被淘汰，等待如舒德森所说的新的职业新闻生产方式被“重新发明出来”。

在这样的十字路口，职业新闻媒体所应做的是立足为社会提供有品质的新闻这一根本，并且富有想象力地创新各种传播形式，这样或可通过考验并迎来在新时代的大发展。但令人遗憾的是，不少媒体的作为却似乎正背道而驰。它们对传播形式的革新后知后觉，对内容供应则缺乏定力，其中，将新闻生产变成在网络信息里简单地 Ctrl+C 和 Ctrl+V 就是一类不可容忍的恶习。在网络环境下进行新闻生产，对网络信息的态度是至关重要的。职业新闻生产者既不能对网络空间无比丰富、无比迅速和易于形成社会热点的传播特点视而不见，一味地强调“脚板底下出新闻”，更不能在信息大潮中亦步亦趋，跟风炒作，放弃自我。职业媒体应当把网络所提供的信息视为相当有价值的资源，以高度的自信进行主动的新闻把关。

一、重视信息选择过程的“把关”：不能被网络热点“排名”所绑架

网络空间的信息并不天然地比新闻从业者“自采”的信息“低一等”，它们之所以给人产生某种不太“高级”的印象不是因为其“差”而是因为其“乱”——鱼龙混杂、瑕瑜互见——这正是“非组织化”的网络空间缺乏高质量“把关”的后果，也是人们在享受信息相对自由地流动时不得不承受的社会成本之一。

也正是因为这一点，网络空间其实给职业新闻生产提供了极为理想的舞台：大量的、迅捷的原生态信息不仅降低了新闻采集的成本，更昭显了职业新闻生产的必要——一个在浩瀚无边的信息海洋中必不可少的灯塔。

要做到这一点，职业新闻媒体必须对网络信息的选择进行主动地把关，而不是被网络热点“排名”所绑架。正如前文所说，网络空间是相对自发自为的非组织状态，各种热点话题排行主要是基于个人点击的累加，这使

得网络热点呈现很明显的难以捉摸的“流行”特征。它可能很重大，也可能很无聊；可能很严肃，也可能很庸俗；可能出于公民意识，也可能只是满足了偷窥欲和某些隐秘的人性欲望。因此，职业新闻生产者如果不加分别地一味将网络热点列进自己的菜单，那招来格调低下、跟风炒作的讥评也就在所难免了。

虽然不同的职业新闻生产者完全应当有不同的“把关”原则来彰显自己的特色，但就一般意义而言，在对网络信息进行把关时还是有一些共同点的。

比如，“把关”意味着要充分展现媒体的专业核实能力。没有什么比职业媒体误信网络谣言更让人难堪的了。对于那些未经证实、来源不明的网络信息，职业媒体当以“核实”作为把关的第一步，对已经形成热点且在核实后发现为虚假的信息，职业新闻当以“辟谣”为新闻，以此纠正错误的信息流向。

对那些在网络空间做惊人之语的“名流精英”，职业媒体也不可放松警惕，否则新闻就会变成互相“炮轰”的名利场，让自重自爱者沉默并远离。比如，“把关”意味着要分清网络信息的公私界限，要思考其有无普遍的社会意义，也要从新闻职业伦理的角度加以衡量，不能简单地将一些走红网络的社会事件照登了事。如果报纸上成天充斥的是网友街拍的“地铁斗殴”、“小孩随地大便”、“女子当街撒泼”、“明星疑似怀孕疑似离婚疑似劈腿”等等“新闻”，那这份报纸与一张“八卦纸”也就没什么分别了。

再比如，“把关”还意味着要对真正的新闻有足够的敏感，要善于“挖”新闻，哪怕是从一些不起眼的角落。本世纪初曾引发社会巨大反响的新闻界力作如对南丹透水事故的调查、孙志刚事件调查等都源于记者在网络上慧眼独具发现的新闻线索。因此，同样是“上网”，记者的视角与普通网民是有区别的，专业的新闻“把关”思路应贯彻始终。

二、编辑过程的“把关”：让碎片化的网络信息体现出“意义感”

网络信息从总体上来说是“碎片式”的，且不说微博之类的应用有“140字”的形式限制，就是一般的留言、网帖也多非深思熟虑之作。这使得网络信息很容易热度很高而深度不足；很容易群言沸腾而杂乱无章。因此，职业新闻媒体对网络信息在编辑过程中的“把关”就在于要让网络信息从原初状态的“扁平”变得“立体”，从“单薄”变得“厚重”，让碎片化的网络信息体现出“意义感”。

需要注意，这里所说的“意义”不是新闻从业者人为“赋予”的。如果对一些网络热传的社会冲突事件不管其前因后果，也不管其具体情节，只是简单地根据当事人的某些特征（更不要说经常是夸大的特征）贴上“身份标签”，将可能各不相同且相当复杂的社会事实置于同样的逻辑之下，这种简单粗暴的“意义赋予”，显然大大有悖于布尔迪厄所说的知识分子应该批判既有成见、摧毁简化的是非思维方式、尊重问题复杂性的使命，也无法实现新闻媒体与社会的良性互动。

在编辑过程中通过“把关”来呈现网络信息的意义，可以因循符号学对“意义”问题的一般性看法，即意义是在比较中产生的。从宏观上说，可以把一则新闻放置于历史和社会的语境下，从微观上说，也可放置在类似或相关事件及要素的背景之中。例如，当联合国秘书长也在学跳“骑马舞”的时候，传统媒体自然也无法拒绝把“江南 style”视为新闻了。问题是，传统媒体如果仅仅跟在网络流行之后去关注各种版本的骑马舞模仿秀，得到的只是累加的表面信息，只能让人“知道”却不能“理解”这一“奇怪”的现象。但如果能将其放置在韩国文化工业运作方式、国家形象输出工程、流行文本、社会心理等更大的背景下，或许才能显现出这一“穿得好跳得贱”的“神曲”在全世界大获成功的意义。

15 深读

鸟叔骑马舞跳进联合国

■当今世界最有名的两位韩国人首次会面
■联合国秘书长潘基文现场学跳骑马舞

骨关节炎或者颈椎不好
别轻易尝试骑马舞

■潘基文会见“鸟叔”学跳骑马舞
■意防灾部门主管辞职声援获刑专家

三、报道风格的“把关”：慎用网络流行语

报道语言，尤其是标题用语是新闻媒体的第一张名片，令人遗憾的是，不少媒体在这一领域也很少显示出自信和自省的精神，而是盲目照搬网络流行语，给人留下了“跟风”、“庸俗”的印象。由于网络极大地增加了社会信息的总量和流速，并鼓励了更多普通人参与到语言的使用和创作活动中来，所以语言在网络上的变换速度远不是前网络时代所能想象的。

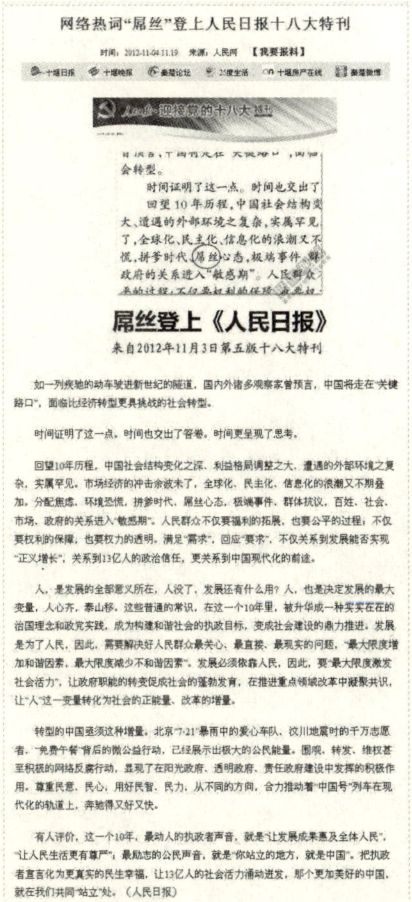
网络热词“屌丝”登上人民日报十八大特刊

时间：2012-11-04 11:19　来源：人民网　【我要报料】

会转型。
时间证明了这一点。时间也交出了
回望10年历程，中国社会结构变
大、遭遇的外部环境之复杂，实属罕见
了，全球化、民主化、信息化的浪潮又不
慌，拼爹时代、屌丝心态，极端事件、群
政府的关系进入“敏感期”。人民群众

屌丝登上《人民日报》

来自2012年11月3日第五版十八大特刊

如一列疾驰的动车驶进新世纪的隧道，国内外诸多观察家曾预言，中国将走在“关键路口”，面临比经济转型更具挑战的社会转型。

时间证明了这一点。时间也交出了答卷。时间更呈现了思考。

回望10年历程，中国社会结构变化之深、利益格局调整之大、遭遇的外部环境之复杂，实属罕见。市场经济的冲击余波未了，全球化、民主化、信息化的浪潮又不期叠加。分配焦虑、环境恐慌，拼爹时代、屌丝心态，极端事件、群体抗议，百姓、社会、市场、政府的关系进入“敏感期”。人民群众不仅要福利的拓展，也要公平的过程；不仅要权利的保障，也要权力的透明。满足“需求”，回应“要求”，不仅关系到发展能否实现“正义增长”，关系到13亿人的政治信任，更关系到中国现代化的前途。

人，是发展的全部意义所在，人没了，发展还有什么用？人，也是决定发展的最大变量，人心齐，泰山移。这些普通的常识，在这一个10年里，被升华成一种实实在在的治国理念和政党实践，成为构建和谐社会的执政目标，变成社会建设的鼎力推进。发展是为了人民，因此，需要解决好人民群众最关心、最直接、最现实的问题，“最大限度增加和谐因素，最大限度减少不和谐因素”。发展必须依靠人民，因此，要“最大限度激发社会活力”，让政府职能的转变促成社会的蓬勃发育，在推进重点领域改革中凝聚共识，让“人”这一变量转化为社会的正能量、改革的增量。

转型的中国亟须这种增量。北京“7·21”暴雨中的爱心车队、汶川地震时的千万志愿者、“免费午餐”背后的微公益行动，已经展示出极大的公民能量。围观、转发、维权甚至积极的网络反腐行动，显现了在阳光政府、透明政府、责任政府建设中发挥的积极作用。尊重民意、民心，用好民智、民力，从不同的方向，合力推动着“中国号”列车在现代化的轨道上，奔驰得又好又快。

有人评价，这一个10年，最动人的执政者声音，就是“让发展成果惠及全体人民”，“让人民生活更有尊严”；最励志的公民声音，就是“你站立的地方，就是中国”。把执政者宣言化为更真实的民生幸福，让13亿人的社会活力涌动迸发，那个更加美好的中国，就在我们共同“站立”处。（人民日报）

一方面，群众智慧的确创造了很多传神的新词，并能准确地命名一些新事物和新现象，如“宅”、“萌”、“晒”等；但另一方面，网络也使得原本在亚文化中存在的大量不规范的语言变形也变得可见，甚至流行。因此，职业媒体特别需要审慎衡量，既不能因循守旧，太过“out”，更不能不加辨别而造出满纸的“神马”、“浮云”。流行语会因其“流行”而表现出一种特别理直气壮的姿态，仿佛不用的人都是落伍者，所以定力稍弱就会被其“俘虏”。

但作为主流文化的正式文本，新闻报道在选择网络流行语时一定要牢牢记住以下两个事实：第一，大多数网络流行语消失和兴起的速度一样快，回想一下现在还有多少人在用“东东”、“酱紫”这些当年很流行的表达呢？第二，网络流行语有强烈的亚文化特色，脱离其语境的照搬往往只能是东施效颦。比如购物网站中卖家对买家的称呼“亲”，被写进新闻标题中，让读者感到的却是一种浅薄的讨好。

总之，在这样一个众声喧哗、浮华浮躁的时代，新闻媒体也如同我们每个人一样，很容易就随波逐流，迷失自我，看上去很热闹，实际上很荒芜。从上个世纪末网络开始普及以来，职业新闻媒体就很有危机感，这是好事。但越是有危机，越是要站稳脚跟，否则连自己都变得面目不清了，还谈什么竞争？恐怕未分媒体形态之胜负，就先输了新闻文化和职业精神。从这个意义上讲，重申职业新闻媒体在网络时代的“主体性”是这个历史关头最重大的话题之一，而上面所说的“主动”把关就可被视为职业新闻媒体彰显“主体性”的一种实践方式。

（作者系北京大学新闻与传播学院副教授）

微博时代的纸媒采编把关

□王佳

王佳

“把关（gatekeeping）”理论是传播学的重要概念。尽管太阳底下无新事，有很多同质化的事件在反复发生，但世界依然每天在变，记者决定报道什么，选取什么样的细节，编辑决定刊登哪一篇，起什么样的标题，将稿件放在头条还是边栏，都在执行新闻把关的工作。

微博时代，记者和编辑面临的环境都更为复杂。读者不再在清晨翘首以盼等着发行员送来的报纸，甚至头天晚上就能依据微博的信息，精准地预言第二天某报的头版标题；记者与编辑也不再像过去那样，容易收获采编出独家新闻的成就感。这对于纸媒采编而言，是压力更是挑战。如何应对？笔者略抒一点浅见供交流。必须特别强调的是，这里说的把关，只是单纯的一线采编业务论。

正在变革的媒体环境

在谈及具体的把关问题前，业界必须直面的一个现实是，随着微博时代的来临，公众拥有了一个空前广阔的发声平台，使得信息传播的速度明显在加快，媒体因为普遍维持着收集—编辑—审核—发布等一套较为刻板的操作模式，通常在报道当中表现出一定的滞后性。

一方面，这要求媒体从业者筛选和过滤信息的步子要跟上来。例如，如今很多媒体官方微博在事件发生后，经过初步核实后，直接转发经过认证的新闻当事人微博，简单配以按语即可完成首次报道，而无须再像过往那样写作和编辑额外的文本，然后投送给受众；另一方面，很多时候事件当事人在微博拥有的话语权及其影响力，甚至连前述的这种转发式报道都失去了意义。换言之，媒体采编的把关在某些特定时刻确会显得多余。

此外，新闻专业主义强调将事实与意见分开，即在报道事件时要求尽量保持客观中立，消息放在新闻版面，观点性的东西则交给言论版面，二者尽量作出区分，而这在微博时代遇到了空前挑战。这是因为，很多消息当中的“干货”经由微博的生成、扩散与不断自我纠错，在媒体人经过把关审核以制作成新闻产品前，实际上已为广大网络受众所知。在这种情况下，如果纸媒姗姗来迟的报道只是单纯追微博热点，且由于对客观性的追求，还力求不表露出任何倾向性，那么在这样一个意见多元化的时代，恐已不能满足受众对偏好的要求。更何况即便消息中的“干货”，因纸媒受制于各种因素，有时尚不能得到完整呈现。

因而，媒体人面对的恐怕不再是单纯对于追求报道真实、准确的把关，有时还要考虑，如何不使采编人员的把关成为传播效率提升的阻碍，不在严苛的媒体环境中变成自我审查，并且在此基础上还要相应作出延伸，即在某些事件发生后，思考呈现客观事实的同时该不该通过细节的选择、标题制作来表达立场，以及如何展现这种立场。

把关并非纸媒的负累

不过，尽管自媒体时代信息传播的速度在

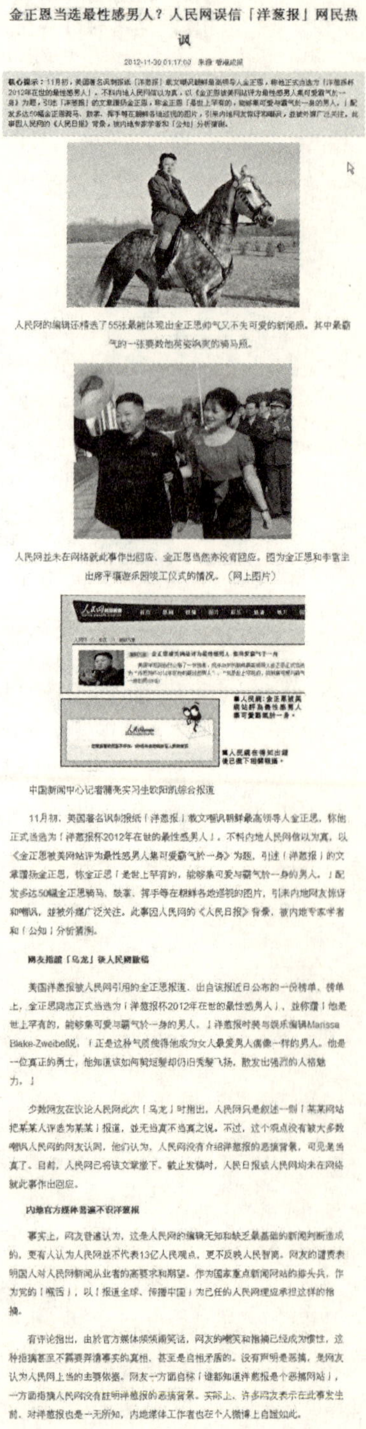

金正恩当选最性感男人？人民网误信「洋葱报」网民热讽

2012-11-30 01:17:00 来源: 香港成报

核心提示：11月初，美国著名讽刺报纸「洋葱报」载文嘲讽朝鲜最高领导人金正恩，称他正式当选为「洋葱报杯2012年在世的最性感男人」。不料内地人民网信以为真，以《金正恩被美网站评为最性感男人集可爱霸气於一身》为题，引述「洋葱报」的文章讚扬金正恩，称金正恩「是世上罕有的，能够集可爱与霸气於一身的男人。」配发多达50幅金正恩骑马、鼓掌、挥手等在朝鲜各地巡视的图片，引来内地网友惊讶和嘲讽，并被外媒广泛关注。此事因人民网的《人民日报》背景，被内地专家学者和「公知」分析猜测。

人民网的编辑还精选了55张最能体现出金正恩帅气又不失可爱的新闻照。其中最霸气的一张要数他英姿飒爽的骑马照。

人民网並未在网络就此事作出回应，金正恩当然亦没有回应。图为金正恩和李雪主出席平壤游乐园竣工仪式的情况。（网上图片）

中国新闻中心记者翡亮实习生欧阳凯综合报道

11月初，美国著名讽刺报纸「洋葱报」载文嘲讽朝鲜最高领导人金正恩，称他正式当选为「洋葱报杯2012年在世的最性感男人」。不料内地人民网信以为真，以《金正恩被美网站评为最性感男人集可爱霸气於一身》为题，引述「洋葱报」的文章讚扬金正恩，称金正恩「是世上罕有的，能够集可爱与霸气於一身的男人。」配发多达50幅金正恩骑马、鼓掌、挥手等在朝鲜各地巡视的图片，引来内地网友惊讶和嘲讽，並被外媒广泛关注。此事因人民网的《人民日报》背景，被内地专家学者和「公知」分析猜测。

网友指讀「乌龙」後人民網撤稿

美国洋葱报被人民网引用的金正恩报道，出自该报近日公布的一份榜单，榜单上，金正恩同志正式当选为「洋葱报杯2012年在世的最性感男人」，並称讚「他是世上罕有的，能够集可爱与霸气於一身的男人。」洋葱报时装与娱乐编辑Marissa Blake-Zweibel说，「正是这种气质使得他成为女人最爱男人偶像一样的男人。他是一位真正的勇士，他知道该如何剪短髮却仍旧秀髮飞扬，散发出强烈的人格魅力。」

少数网友在议论人民网此次「乌龙」时指出，人民网只是叙述一则「某某网站把某某人评选为某某」报道，並无当真不当真之说。不过，这个观点没有被大多数嘲讽人民网的网友认同，他们认为，人民网没有介绍洋葱报的恶搞背景，可见是当真了。目前，人民网已将该文章撤下。截止发稿时，人民日报或人民网均未在网络就此事作出回应。

内地官方媒体普遍不识洋葱报

事实上，网友普遍认为，这是人民网的编辑无知和缺乏最基础的新闻判断造成的，更有人认为人民网並不代表13亿人民观点，更不反映人民智商。网友的谴责表明国人对人民网新闻从业者的高要求和期望。作为国家重点新闻网站的排头兵，作为党的「喉舌」，以「报道全球、传播中国」为己任的人民网理应承担这样的指摘。

有评论指出，由於官方媒体频频闹笑话，网友的嘲笑和指摘已经成为惯性，这种指摘甚至不需要弄清事实的真相，甚至是自相矛盾的。没有声明是恶搞，是网友认为人民网上当的主要依据。网友一方面自称「谁都知道洋葱报是个恶搞网站」，一方面指摘人民网没有註明洋葱报的恶搞背景。实际上，许多网友表示在此事发生前，对洋葱报也是一无所知，内地媒体工作者也在个人微博上自認如此。

加快，受众需求日渐多元化，不断对纸媒从业者提出新的要求，但我认为，有些观点认为把关已经成为纸媒的负累，多少有些因噎废食。

前段时间，《人物》杂志副主编林天宏的一条微博，表达了他对个别报纸的批评。他说，“很久没看报纸，最近工作需要翻了不少，发现很多所谓大稿子就是微博上发生了什么事，然后貌似平衡客观地正反方网友 abcd 说，专家 xxx 说”。这个观察想必不会引起同行的诧异。的确，很多纸媒报道的出炉就是这么随意，将把关概念弃之一边。这显然是在砸掉纸媒的传统优势，即因为把关人始终存在与专业力量操作报道表现出的权威性。

纸媒的权威性是这个产业保持竞争力的关键所在，这大概不会有什么争议。全球管理咨询公司麦肯锡的一项研究发现，纸媒有个极为重要且得天独厚的优势，即与其他媒体相比，有 66% 的人消费者更信赖报纸，远超电视、网络广告的 44% 和 12%。

另外，并非所有微博传播的消息都线条清晰、逻辑简单、内容完好，可以在当事人、网友的参与乃至交锋中得到自我澄清与纠错，更多时候，仍需要媒体专业力量的介入，以为受众作出甄别。而对复杂事件的深度解析，也是纸媒较之自媒体、网站和电视的优势所在。

目前，在国内激烈的财经媒体竞争中，有杂志要求记者随时保持与编辑人员的沟通，甚至每日必须提交采访日志，注明在未来提交的成稿中，获取的信息分别从何而来，受访者电话多少，方便编辑有必要时在后方核实，即是对把关人作用的强调。

而且，微博在日益劫持传统媒体信源的同时，也相应提供了大量有力的补充，当信息如洪水汇聚，哪些是重要的线索，哪些是无关信

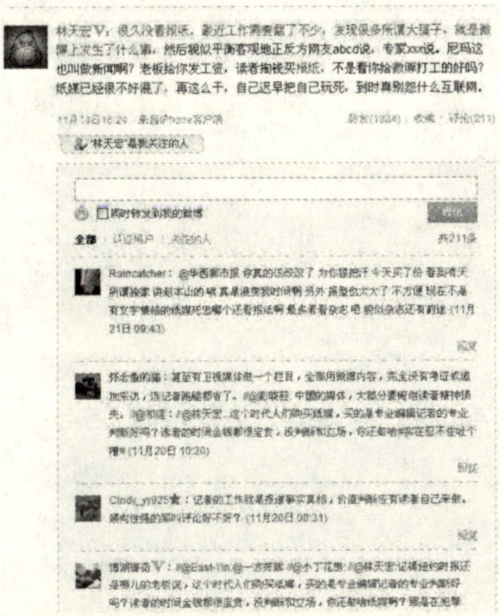

息，同样要求把关者加强筛选与过滤。

此外，微博场域一个不可忽视的特点是经常以讹传讹，一个若干年前形成的段子改头换面便成“猛料”，采编人员稍有疏忽即可导致虚假新闻流传，成为二次传播谣言的“帮凶”。这方面的例子不胜枚举，无需赘言。上述种种，都对采编人员把关提出了更高、更新的要求。

CHINA NEWS 城事

垃圾箱内生火取暖 贵州五男孩殒命

出事前3周相约外出，其中4人处于辍学状态

卫生部副部长黄洁夫：

中国器官移植一两年内将不再依赖死囚捐献

在常规把关准则之外

在微博时代，纸媒从业者该如何进行新闻把关，以提取所需要的元素服务于报道？

我想，真实、准确的常规把关准则，永远应该排在第一位，任何报道不满足这两点基本要求，就无法再谈其它诸如报道质量等。而在这一基础上，诚如传统把关人理论所言，新闻和信息的选择尽管受到媒体的经营目标、受众需求及社会文化等多种因素的制约，但是与媒介方针和利益一致或相符的内容，通常更容易优先入选、优先得到传播。因而，把关人在追求真实、准确之余，上述偏好也是一般要兼顾的。

东南快报 Southeast Express

@微报

“抗癌漫画家”熊顿去世

有新鲜事@东南快报

在咖啡厅面试该谁埋单？

网友热议面试和相亲不一样

此外，微博时代也需有适应微博特点的把关方式，一个事件爆出后，记者首先要在众声喧哗中锁定核心信源。例如，近期发生的贵州毕节五名流浪儿闷死在垃圾箱事件，最先于凯迪论坛曝光此事的网友李元龙便是核心信源。找不到他，对于事件的跟进核实不是无法完成，而是通常要耗费更多时间。这对本来就节奏缓慢的纸媒是一种损耗。而且，

纸媒可能为此失去更多意想不到的延展信息，比如李云龙后来的“失踪”。众所周知，在毕节事件得到相对详实的媒体呈现后，李云龙的安危一度成为更重要的信息。

锁定核心信源的方法，包括重视微博中的认证ID（一般情况下，他们的话相对匿名网友更有可信度）、意见领袖的信息（他们更喜欢在第一时间去做辨识的工作）；通过对事件关键词的搜索，在微博中定向搜寻相关信息；联系媒体同行，直接获取信源信息等。值得注意的是，在一个事件刚通过微博披露时，通常伴随的是在不明真相的情况下，各类人士急于表达观点的冲动，以及永远乐此不疲的段子生产商。对此，记者的兴趣应更集中于事实，并围绕事实成稿，而适当减弱对观点的关注，握准主线再谈其余。

微博大V（粉丝量超高的名人）在事件中的表现，值得特别关注。这是因为大V们的号召力，通常意味着即便他们在关注某一事件时，即使仅顺手转发、面无表情，也有可能招揽意想不到的爆料人为之提供线索。有些时候，像韩寒、姚晨、李承鹏等人对特定事件的关注，还会吸引更多人来参与，从而拓展信息的广度，甚至决定微博议程走向，令事件朝意想不到的地方拐进。有时遇到网络爆料，我和记者会在大V转发后的微博评论中一页页翻，偶尔亦能得到关键细节的补充信息，乃至更为重要的线索。

另外，正如前文所述，微博中变脸的段子是需要重视的干扰项。很多过去发生的事稍有改动，便可能成为一个新的新闻线索。最近，一位叫“刘瑶”的网友在微博吐槽面试者不懂人情世故，另一位叫“张岩”的网友则伪装成面试者，反过来抱怨面试官的不是。结果，有不假思索的编辑将双方言论直接搬上了版面。

除此之外，有些图片一再被误用，像文强获死刑后“重庆市民拍手称快”的照片，在周克华被击毙等时间点，再次成为媒体当中“重庆市民拍手称快”的表情写照；有些专业恶搞网站如洋葱新闻，频繁被当成权威信源，例如最近又因为一条所谓“金正恩成为世上最性感男子”的消息放倒了人民网。这些都是采编把关人要注意的。再资深的网虫，恐怕也不敢说每个历久弥新的段子他都看过，所以多加小心是必要的。

采编视角应适当后撤

在紧跟微博之余，我想，纸媒的记者、编辑在微博上的视角或许应适当后撤，即从过于关注动态转向对报道深度与延展性的追求。甚至纸媒的整体思路应该转向，而不只像以往那样，作出类似滚动新闻部（或机动新闻部）、深度新闻部之类的机械区分。

有些早已在微博上完全释放的消息，纸媒没有必要再事无巨细地告诉读者，要么直接舍弃，要么直接介入追踪而简单交代事件脉络，从而留出更多人力、物力为读者提供附加值。

据说，许多互联网用户希望网速越快越好，对于电子商务公司则尤为重要，因为慢一秒就要少赚很多钱，而最新研究表明，大多数用户期望的网站加载时间是3秒，如果长过3秒，网站就开始流失用户。不知道这个研究的具体情况，但大致符合我的体验。作为一名报纸编辑，迫于版面签片时间的压力，乃至对于新闻点经常在滚动更新的一贯认识，我在获取某个跟进信息时，如果相关网页加载速度稍慢，我可能就要重新去获取其它可以打开的链接。

网站加载超过3秒就要流失用户，也意味着纸媒若再一味求快已毫无优势。

视角适当后撤，也是将更多时间、精力留给如何适应前述的“纠结”——是在报道中继续求客观中立，还是在适当的时候勇于表达立场。我的看法是，在微博时代，如果纸媒不能创造性的设置话题以供微博讨论，不仅将进一步失去参与议程设置、影响舆论的机会，更有可能逐步沦落为网络议题的跟风者，进而产生大量偷懒的微博实录式报道。这样的状况已经发生。而且，在这样一个信息爆炸的时代，受众的时间很宝贵，他们能从微博获取任何事件的梗概，决不会买一份再度为他们简单报道事件进展、却无记者编辑专业判断的报纸。

当然，如何表达立场是一门技术含量很高的活，众所周知，拿捏不得当就会伤害媒体公信力。对此，著名新闻人安替告诉我，他的看法是，记者在写作报道时应尽量不作这方面的考虑，同时不在个人微博发表自己采写稿件的任何评论，以免影响报道的客观中立，然后将选择与展现立场的任务统统交给编辑。看来，微博时代纸媒编辑的压力更大了。

（作者系南方都市报编辑）

新传播生态下新闻把关遇到的挑战

□万小广

万小广

在经历温州动车事故、北京“7·21”暴雨等重大突发事件的考验之后，微博作为新闻传播媒介的身份得到更广泛的承认。如今，微博平台不仅成功吸引到数量庞大的传统媒体、政府机构、意见领袖以及海量用户，而且其新闻信息来源广泛、思想言论活跃、传播迅捷，成为网络舆论场中不可忽视的“巨无霸”。

传统媒体纷纷扩大在微博舆论场中的存在，一方面媒体微博账号已成为“标配”，另一方面，以《人民日报》微博为典型，媒体微博逐渐摆脱原有的附属地位，形成相对独立的新闻生产流程、内容结构与媒体品牌。这些变化不仅对网络传播格局构成冲击，也反过来对原有的新闻传播生态产生影响，特别是对传统的新闻把关模式带来挑战。

本文首先梳理微博时代新闻传播生态的一些变化，然后分析传统新闻把关模式受到的影响，最后就微博时代的新闻把关提出若干建议。

一、微博时代新闻传播生态的四大变化

以微博为代表的网络新媒体，从参与主体、传播路径、舆论生成过程、把关模式等四个方面冲击着原有的新闻传播生态，使之不断产生新的变化。

这种变化首先体现在新闻传播过程中受众“对称参与”（symmetrical

participation）的能力上。所谓“对称参与”，是指当人们能够接受信息时，他们就能发送信息。微博上网民与媒体微博的关系就是这样一种“对称参与”的关系，而不像以往在传播过程中只是作为“受众”处于被动地位。“郭美美事件”、“表哥”、“房叔”等一系列由网民引发进行的舆论监督案例，显示出能与传统媒体相比拟的新闻话题制造能力。

其次，以往媒体垄断消息源、掌控公共言论空间的局面在微博上已经不复存在，这种“权力”更多地被政府机构、商业机构、名人、网络意见领袖以及普通网民所分享。非媒体用户生产的内容，即所谓的“用户生产内容”（UGC），与媒体机构发布的“专业化内容”（PGC）不仅在同一平台传播，而且在信息传播上有更强的时效优势。据上海交通大学舆情研究实验室对2009、2010、2011年影响较大的舆情热点事件的统计，微博首次曝光的比例依次为0%、16%、22%，呈现逐年上涨的趋势。

此外，新旧媒体分工不同、以接力形式完成新闻传播过程的局面逐渐形成。以微博为代表的网络媒体在时效上优势明显，而传统媒体的优势则体现在事件的准确性和深度上，二者在新闻事件的不同传播阶段发挥着不同作用。以北京“7·21”暴雨事件为例，微博第一时间发布灾情预警信息，并进行救灾动员，而传统媒体则在跟进报道中让人们更全面地了解房山等受灾更严重地区的情况，并从城市建设、应急预案等角

A18

NEWS 城事

“房叔”商铺厂房
年租收入百万元

实有21套房产仅申报2套
“房叔”瞒报财产被停职

番禺区委还决定对其作进一步调查

度深入反思暴雨事件的教训。

最后，“先出版再过滤”模式正在挑战传统“先过滤再出版”的新闻把关模式。正如克莱·舍基所说：“将传统媒体的条理性和社交媒体的乱糟糟相比较，常会导致人们忽略一个事实，即这不仅仅是两种生产系统间的比较，而且也是两种过滤系统间的比较。”以往新闻出版成本非常昂贵，使得人们只能出版有价值的内容，形成“先过滤后出版”的传播模式，并因此产生专业的传播者。而如今，网络新媒体技术降低了出版（传播）成本，非专业的传播者越来越多，并形成“先出版再过滤”、“集体监看”（gatewatching）的把关模式。负责不实信息举报处理的新浪微博“社区管理中心”、果壳网的“谣言粉碎机”以及引发争议的“辟谣联盟”都展示了这种新型把关模式的崛起。

二、从“王石离婚协议”看新传播生态下新闻把关遇到的挑战

上述新闻传播生态的变化也以直接或间接的方式对媒体的新闻把关造成挑战。一则网民伪造的“王石离婚协议书”成为新闻在媒体上广泛传播，生动地说明了这种挑战的广泛度与严峻性。

在微博爆出王石离婚的消息之后，10 月 30 日，一份“王石离婚协议书”在微博上被疯狂转载，当天进入新浪房产频道，并迅速成为百度、搜狐等网络媒体的头条。然而，这份所谓的“离婚协议书”却是对微博营销感兴趣的网民出于“科学实验”的目的而伪造的。这位网民在一篇题为《如何将一张 PS 的图片，一夜之间登上各大媒体的头条——论王石离婚事件背后的微博营销》的文章中详细介绍了他是如何伪造离婚协议书、并借助 @ 离婚易等微博账号进行传播的。

显然，媒体在这件事的传播上并未起到把关作用，相反却起了扩散谣言、确证谣言的作用。到本文写作时为止，笔者仍可以从一些主流新闻网站上找到引用了这份“王石离婚协议”的报道。

这个案例显示了传统媒体在微博时代遭遇到的挑战。一方面，媒体的把关权力不断被削弱，从把关者变成把关参与者。“从现在开始，新闻可以不借助传统媒体而闯入公众意识。新闻媒体反而可能因为某件事已经通过其他途径闯入公众意识，结果只好报道它了”。 从“王石离婚”到“王石离婚协议”，整个事件都是微博首发、在微博上引发热议，传统媒体被动介入该事件的传播过程。

另一方面，传统媒体不得不接受和适应网络舆论场“先出版后过滤”、“集体监看”等新规则，而这与以往熟悉的操作规则格格不入。类似“王石离婚协议”这样一种没有明确消息来源的信息，按照传统媒体的核实程序和操作规范是不会轻易进行报道的。然而，这个未经证实的“王石离婚协议”已经在微博上铺天盖地地散布开来，成为网络舆论热点。一些媒体可能认为如果不及时报道,就会失去读者的“眼球”；另外，铺天盖地的网络传播也助长了从众心理，产生责任分散效应，使传统媒体放弃了原有的核实程序。而当“王石离婚协议”真相大白之后，传统媒体习惯于固有的发稿程序，拙于对现有报道进行跟踪和更正,不太适应微博时代的“辟谣”、“集体证伪”文化。

在网络推手、“钓鱼党”层出不穷的时代，“王石离婚协议”这类精心策划的微博营销案例肯定还会再次出现，而且还会再次利用传统媒体的弱点达成其目的。微博营销者深谙网民心理，并掌握着大量的专业传播知识。“王石离婚协议”的策划者甚至还总结了一些经验，如“符合大众口味”、“傍热点事件”、“多用图少用字”、“故作神秘”、“半真半假”、“适可而止”等等。这种由网民“策划”并参与制造的“新闻”事件，是微博时代媒体新闻把关面临的一大挑战。

微博时代新闻把关的另外一个挑战则来自媒体微博，具体包括账号管理风险、引用/互动风险、技术安全风险等三个方面。账号管理风险是指媒体微博运营员发布未经审核的内容或因错误操作而造成的

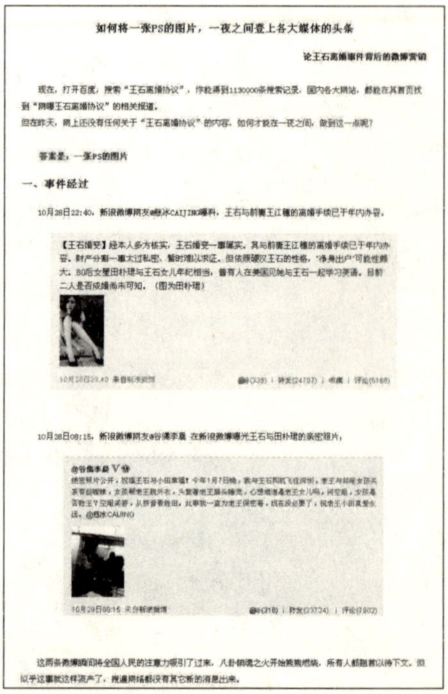

如何将一张PS的图片，一夜之间登上各大媒体的头条

论王石离婚事件背后的微博营销

现在，打开百度，搜索“王石离婚协议”，你能得到1130000条搜索记录，国内各大网站，都能在其首页找到“网曝王石离婚协议”的相关报道。

但在昨天，网上还没有任何关于“王石离婚协议”的内容，如何才能在一夜之间，做到这一点呢？

答案是：一张PS的图片

一、事件经过

10月28日22:40，新浪微博网友@慈冰CAIJING曝料，王石与前妻王江穗的离婚手续已于年内办妥。

【王石婚变】经本人多方核实，王石婚变一事属实。其与前妻王江穗的离婚手续已于年内办妥。财产分割一事太过私密，暂时难以求证。但依照硬汉王石的性格，“净身出户”可能性颇大。80后女星田朴珺与王石女儿年纪相当，曾有人在美国见她与王石一起学习英语。目前二人是否成婚尚未可知。（图为田朴珺）

10月28日08:15，新浪微博网友@谷儒李晨 在新浪微博曝光王石与田朴珺的亲密照片，

@谷儒李晨 V

绝密照片公开，祝福王石与小田幸福！今年1月7日晚，我与王石同机飞往深圳，老王与邻座女孩关系有些暧昧，女孩帮老王脱外衣，头靠着老王肩头睡觉，心想难道是老王女儿吗，问空姐，女孩是否姓王？空姐笑答，从拼音看姓田。此事我一直为老王保密着，现在没必要了，祝老王小田真爱永远。@慈冰CAIJING

这两条微博瞬间将全国人民的注意力吸引了过来，八卦销魂之火开始熊熊燃烧，所有人都翘首以待下文。但似乎这事就这样流产了，搜遍网络都没有其它新的消息出来。

把关风险。这类风险既有重大新闻事件报道中的错误表态，也有错别字、配图失实等技术性错误，都可能对媒体声誉造成一定的损害。

引用 / 互动风险则是指媒体微博在引用网民微博，或与网民互动时发生失实、未把握好尺度或引发负面舆论等风险。2011 年，一名护士发微博盼病人下班后再死引发网络关注。媒体引用其微博内容进行报道后，却遭到博主的否认，该护士称自己微博账号被盗，上述内容不是她发的。这也意味着即便是加 V 的名人在微博发布的内容，也不能保证其真实性。特别是当报道内容不利于微博博主时，他们可能会以未向本人核实为由进行否认，造成新闻的“被”失实。

技术安全风险就是媒体账号出现被盗或不稳定等现象，造成发稿事故及其他影响。事实上，像苏有朋、潘石屹等名人的微博账号均出现过被盗现象，盗号者均发布过虚假微博。尽管目前还未发生媒体微博账号被盗事件，但类似隐患确实存在。

微博时代新闻把关的第三个挑战来自媒体工作者的个人微博。很多媒体人的微博注明了其工作单位，很容易让网民误以为是代表媒体在发言。最典型的案例是今年 4 月份央视主持人赵普微博的“老酸奶”事件。拥有 158 万粉丝的赵普微博上称：“来自调查记者短信：不要吃老酸奶（固体形态）和果冻，内幕很可怕，不细说。”短短几小时，这条未经证实的微

A20 山东商报 中国新闻 2011 年 2 月 24 日 星期四

“您就等我下班再死，好不？”

汕头女护士微博称不愿半夜起床为病人收尸

医院介入调查 当事人称微博被黑

A 不愿起床“收尸” 盼病人等其下班再死

B 网友疯狂人肉 谴责博主冷血

C 医院成立调查组 当事人已被调离岗位

D 当事人称微博被黑 文字内容与其无关

国航唯一女机长不到29岁

博被大量转发，引发人们对于奶制品全问题的指责、恐慌。因为央视没有后继报道，并对赵普进行了停职处理，让人们怀疑央视在隐瞒真相，质疑其公信力。

最后一个挑战来自网络文化。网络文化是一种高语境文化（high context culture）。这种高语境文化也会让一些报道发布后产生负面效果。例如，北京“7·21”暴雨事件发生后第三天，地方媒体号召人们为灾区捐款。这条报道中规中矩，也符合传统抗灾报道的规范，但在网络上却引发大量负面舆论，网民用“捐你妹”的接力评论表达不满。好心办坏事，正是因为没有考虑当时网络舆论场的语境。另一个案例是《新京报》官方微博在5月5日零点发布的一条微博，“在夜深人寂时，卸下言不由衷的面具，对真实的自己说声‘对不起’。晚安。”这条微博还配发了一张的照片，内容是一个神情落寞的小丑在抽烟。由于当时微博上的舆论热点是陈光诚事件，网民认为这条微博是媒体在表达对相关新闻管制的不满。其实，这条微博的原意可能并非如此，只是在特殊的网络语境下产生了这样一种意味。

三、对新闻把关的建议

微博时代，新闻的定义正在发生变化，“它从一种结构特权转变为一

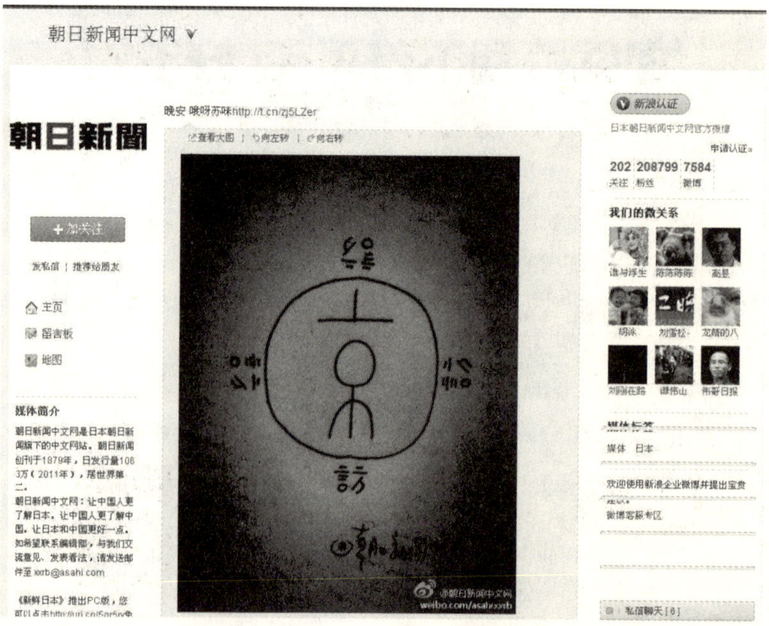

个信息传播生态系统的一部分，各种正式的组织、非正式的集体和众多个人都杂处在这个生态系统当中。”这种生态观同时告诉我们，既不能妄自菲薄地认为网络媒体将取代传统媒体，也不能固步自封地认为一切无须改变。就新闻把关而言，笔者有如下建议：

首先，应对网络信源的使用进行专门的规范，从新闻源头规避失实风险。具体而言，引用网络信源的信息应当尽量联系当事人进行核实。由于一些网络热点事件往往引发成千上万的网民关注和转发，容易造成事实已被证实的错觉。在这类事件的报道上，媒体尤其应当保持冷静，坚守新闻操作规范，平衡准确性与时效性。

其次，建立媒体微博发稿的审核机制与管理规范。媒体微博最开始只是转发母媒体的稿件，而这些稿件基本上经过审核程序。但随着媒体微博的独立性越来越强，发布的内容来源越来越广泛，影响力越来越大，加上微博内容扩散快、无法修改等传播特点，使得越来越有必要对其进行独立的规范。这意味着建立适应微博传播特点的发稿审核机制与管理规范应当提上日程，制定新闻内容、互动内容以及突发事件应急报道的审核程序与标准。

第三，规范媒体从业人员个人微博。目前国内外一些媒体出台了从业人员社交媒体使用规范，其中一些规定对于防范新闻把关风险具有很强的参考性。例如，不允许员工在微博上披露未发表的报道，在微博上以职业身份就政治议题或争议性议题发言应获得授权，等等。

第四，做好技术安全保障。技术部门应当对媒体账号以及媒体员工个人账号进行安全性评估，防止盗号事件或技术故障导致的新闻把关问题。除此之外，在进行“两会”这类重大报道之前，还应提前与微博运营商进行沟通，防范可能出现的安全隐患。

第五，监测网络舆情，降低“语境”风险。这种舆情监测，一方面是发现新闻线索和信息来源，直接为报道服务；另一方面则是对舆论形势的宏观了解，用于把握新闻报道的“火候”。在某种意义上讲，后一种判断更加重要，并直接影响着新闻传播效果的实现。如果一篇报道与当时网络舆论的语境不合，那么报道就可能产生负面效果。反之，则能起到事半功倍的效果。像@人民日报的“你好，明天”系列评论与@朝日新闻中文网的“晚安·哦呀苏咪”系列在选题上尽可能地贴近当天的网络舆情，因而广受欢迎。

（作者系新华社新闻研究所编辑、中国社科院2010级博士生）

“把关”不是传统媒体的命门

□鞠靖

鞠靖

在很多人的心目中，“把关”是作为对传统媒体空间的限制而存在的。事实上，在我国，当我们谈论“把关”的时候，至少有广义和狭义的两种“把关”。

所谓广义的“把关”，就是传播学经典理论中的“把关”。卢因、怀特等人提出的“把关人”理论，描述了在传媒组织内，不同岗位的新闻从业者如何决定着新闻的取舍。

所谓狭义的“把关”，就是在我国实际新闻操作中存在的“把关”。简而言之，这种“把关”由媒体组织的领导来实施，其中最重要的选择标准是党的新闻政策和宣传纪律。

在很多人看来，在我国，狭义的“把关”存在于组织化的媒体之中，这其中既包括传统媒体，也包括网络媒体。但对于以个人为主的自媒体和微博来说，狭义的“把关”似乎并不存在。有没有这种“把关”由此成为人们比较组织化的媒体和自媒体之间优劣的主要考量因素之一。而当这种组织化的媒体具体化为传统纸媒的时候，它和自媒体之间的优劣比较显得更加直观突出。

在笔者看来，这种比较方法不仅错误地理解了“把关”的概念，而且其结果也并不全面和完整。

“把关”无处不在

“把关”并不是传统媒体所特有的。施拉姆曾指出，互联网的传播途径里“把关人”到处存在。

正如传播学者李金铨所写：“大众媒介中的大部分音讯从来源到目的地，都是历尽沧桑，而失去了本来面目的。任何一个大众传播媒介，都没有办法避免守门人的干扰；所以没有一家大众传播媒介，不管报道网如何普遍，设备如何完备，态度如何真诚，有办法把世界的本来面目，十分准确地表现出来。”

在新浪认证用户纪许光通过自己的新浪微博爆料前重庆市北碚区区委书记雷政富不雅视频的过程中，作为微博主的纪许光事实上采取了很多符合“把关”特征的行为。例如，他没有具体提及自己获得这些不雅视频的渠道和方式、没有提及自己和最初爆料人之间的关系、淡化处理了自己所掌握的证据规模、突出处理了自己孤身勇斗官员的勇气和艰难。从事后传统媒体的报道以及其他微博的跟进爆料来看，这些被淡化、隐没或突出的信息，对于公众判断纪许光行为的性质是有关键性作用的。

个人的微博如此，组织的官方微博就更是如此。

据东方早报报道，人民日报的官方微博由人民日报社新闻协调部下属的微博运营室负责，该室属于正处级单位，8个人的编制。微博内容由新闻协调部内部把控，人民日报领导直接在抓。这一段描述显示，组织的官方微博几乎就是

07版 | 中国·关注

建筑商训练美女为雷政富当情人

建筑商偷拍视频想用来“公关”雷政富

63个小时，一个正厅级干部被秒杀

相关链接

纪许光何许人？

传统媒体“把关”的移植和延伸。

更为重要的是，由于微博是“所有人对所有人传播”，某个微博自身的“把关”行为并不是隐而不显的。受众通过微博接受“把关”后的信息，也同样可以通过微博发现被“把关”过滤的信息。也就是说，由于微博的公开性以及信息的充分流动，在一个更广大的信息空间中，不仅被“把关”掉的信息完全可能被发现，而且“把关”行为本身也最终会被发现，由此给“把关人”（也即微博主人自己）带来的损失也是清晰可见的。通常认为，大众传播中“把关人”具有隐形的特征，而在微博传播中，这种“隐形性”是很容易破解的。这种“把关”行为的可发现性、及时性，恰恰是传统媒体所不具备或者说即使具备也不普遍、显著的。

还是以纪许光爆料雷政富不雅视频为例，在纪许光通过新浪微博爆料之后不久，在新浪微博上就出现了更多有关此案的信息，其中包括纪许光微博中淡化、隐没、缺失的信息，更有纪许光的前同事对纪本人爆料行为瑕疵的质疑。这里需要注意的是，这些信息同样经过了微博主们自己的“把关”，他们可能淡化了对于纪许光比较有利的信息，突出了不利于纪许光的信息。在一个平等的信息传播环境中，这种“把关”行为（可以称之为“负把关”）客观上部分抵消了纪许光的“把关”行为（可以称之为“正把关”）。这个过程，对于那些充分吸收了网络信息的用户确立相对客观、全面的事实是大有帮助的。

此外，传统媒体的“把关行为”更多的是一种见诸公众前的“事前把关”，而

环球时报 GLOBAL TIMES

中产阶级达到4亿人口 收入翻番目标已经实现

世界预测10年后的中国

英国成欧盟内讧风暴眼

各方谨慎评价巴以停火

订2013年《环球时报》 阅读世界 思考中国

环球时报 GLOBAL TIMES

绿色感冒药

日本想修改两国防卫指针 美国派高官接连访问亚太

日美焦虑中国赶超太快

中情局长性丑闻迷雾重重

中国黄金 团购定制

对于微博来说，则不仅有“事前把关”，而且有“事后把关”。

由此可见，是否存在“把关”，并非比较传统媒体与以微博为代表的新媒体孰优孰劣的关键因素。关键的因素应该是是否存在一种能够充分显现、暴露“把关”行为的机制，从而让受众具有获得全面、客观信息的可能。从某种意义上来说，这才是新媒体存在一定优势的原因。

“把关”不等于控制

“把关”并不是简单的“控制”。

在新闻传播的整个流通过程中，自始至终都存在着各种各样的把关环节，在既往的研究中，把关人的功能被划分为检查功能、加工功能、评价功能、导向功能、桥梁功能。

美国学者巴斯认为传播媒介的把关活动分为两个阶段，第一阶段是新闻采集，在这个过程中主要的把关人还是记者，记者进行取舍和加工；第二阶段是新闻加工，这里的把关人主要以编辑为代表，这一阶段的把关活动（编辑）比第一阶段的把关活动（采写）更具有决定性意义。以“控制”为特征的“把关”更多地并非由第一阶段来实施。由记者来决定的采访哪些人、去哪些地方拍摄素材、引用哪些引言片段、以什么样的顺序将这些材料编排成一个连贯的叙述等等，实际上都是“把关”的内容。

还是以微博为例。人们注意到了微博信息的碎片化，并认为这种碎片化更容易为受众所接受、更适应现代人快捷的生活节奏和快餐式的文化消费习惯，而且正在消解传统媒体文本的叙事方式。但是，从既有的研究看来，一方面，如果以转发量、评论数来衡量，以传统媒体的新闻产品为蓝本的微博信息得到了更多的传播；另一方面，如果衡量微博总的信息和用户数量，近年来的增长速度已经逐渐放缓。这表明，至少还没有事实能够表明，由传统媒体的“把关”而生成的新闻产品具有传播上的劣势。

事实上，传统媒体的新闻产品在完整深入地报道复杂的社会现象上、在生动准确地展现新闻价值上具有微博所没有的优势，而这种优势很大程度上与“把关”存在着关联。比如，由于传统媒体对于“真实、准确”的要求，记者必须耗费足够的时间、精力、财力，寻找各种可能的资源，从而达到“把关”的要求。这种在投入－产出方面形成循环的机制，是微博这样的自媒体力所不逮的。再比如，传统媒体为了吸引受众的关注，编辑必须在时段、位置、内容组合方面进行统筹和经营，而微博不仅没有这种需要，甚至也没有这种可能。

而即便回到“把关”与“控制”的关系上，人们也会发现，包括“决定做什么新闻”在内的“把关”行为也并非只有“抑制”这一个方向。《环球时报》的崛起，很重要的因素在于既满足了人们对于国际关系、军事问题等题材的关注，又有自己鲜明突出的政治倾向，而在很多传统媒体，这样的题材、倾向是十分敏感的。

今天，关于传统媒体日渐式微、行将消亡的言论随处可见。但是，以新浪微博为代表的新媒体除了众声喧哗之外，在决定其能否长存的根本问题上还没有出现真正的曙光。对于微博运营商来说，事实上存在着网络监管日益加强、微博用户“把关”缺失的矛盾，其未来与投资人的耐心、实力直接关联。政策因素的不确定性、盈利模式的模糊性、科学技术的更新方向始终是其心病。可以说，在这些问题上，传统媒体和微博“同病相怜”。

传统媒体的“把关”新思维

此前的研究中，人们注意到，微博使专业新闻机构和从业人员不再是信息传播活动中不可或缺的把关人。但正如巴斯所指出的，信息流程中把关环节固然很多，事实上每个参与传播的人都担负着相应的把关职能，但毫无疑问最关键的把关人还是传播媒介，传播媒介是一条把关链中最重要的部分。微博的出现不是提供了消灭“把关人”的机会，而是分化了“把关人”的“把关权”。

如果单独考察传统媒体的“把关”，人们会发现，以微博为代表的自媒体的出

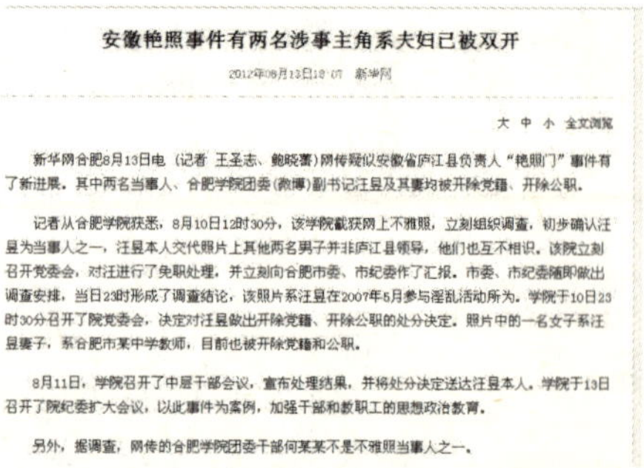

安徽艳照事件有两名涉事主角系夫妇已被双开

2012年08月13日18:07 新华网

大 中 小 全文浏览

新华网合肥8月13日电（记者 王圣志、鲍晓菁）网传疑似安徽省庐江县负责人“艳照门”事件有了新进展。其中两名当事人、合肥学院团委（微博）副书记汪昱及其妻均被开除党籍、开除公职。

记者从合肥学院获悉，8月10日12时30分，该学院截获网上不雅照，立刻组织调查，初步确认汪昱为当事人之一，汪昱本人交代照片上其他两名男子并非庐江县领导，他们也互不相识。该院立刻召开党委会，对汪进行了免职处理，并立刻向合肥市委、市纪委作了汇报。市委、市纪委随即做出调查安排，当日23时形成了调查结论，该照片系汪昱在2007年5月参与淫乱活动所为。学院于10日23时30分召开了院党委会，决定对汪昱做出开除党籍、开除公职的处分决定。照片中的一名女子系汪昱妻子，系合肥市某中学教师，目前也被开除党籍和公职。

8月11日，学院召开了中层干部会议，宣布处理结果，并将处分决定送达汪昱本人。学院于13日召开了院纪委扩大会议，以此事件为案例，加强干部和教职工的思想政治教育。

另外，据调查，网传的合肥学院团委干部何某某不是不雅照当事人之一。

现，客观上也改变着传统媒体的“把关”。在“观点的自由市场”的大背景下，这种改变往往是正面的。

这种微妙的作用存在于传统媒体新闻生产的各个环节。由于微博所具有的巨大用户数量和传播速度，它在议程设置上足以和传统媒体抗衡，这也在客观上影响了传统媒体“把关人”的信息过滤行为。当纪许光对雷政富不雅视频的爆料在微博上疯狂传播时，传统媒体的“把关人”就无法有意、无意地忽视这个可能的选题。当重庆市政府新闻办的官方微博回应称王立军正在“休假式治疗”时，传统媒体的“把关人”就不得不从当天众多的各色消息中选择关注重庆。

再比如，由于微博上存在众多经过认证的知名人士、新闻当事人，为编辑判断报道方向、记者获得丰富素材提供了可能性。当“郭美美”横空出世时、当王石“婚变”时，微博成为传统媒体获得各种新闻事实的重要途径。

微博还为检验传统媒体的“把关”效果提供了某种渠道。比如，当《中国青年报》刊登了关于李庄案的报道时，当江苏教育台《棒棒棒》栏目邀请干露露母女制作节目时，微博上传播的相关信息，实际上都起到了拷问“把关”的作用。

实际上连狭义的“把关”也面临倒逼。比如，发生在安徽的集体淫乱艳照事件、陕西的“表叔”杨达才事件等，由于一天之内在微博上完成了信息的挖掘和传播工作，这些可能本来无法冲出“牢笼”的灰色领域最终成为传统媒体公开报道的新闻。恰如胡泳在讨论博客与传统媒体的博弈时所写的，“离开了主流媒体提供的信息素材，博客谈论的话题就会失去依归，而总是处在时间压力下的记者和编辑则越来越多地从博客中寻找故事和线索”。这个说法同样适用于谈论微博与传统媒体之间的博弈。

传统媒体人必须接受的一个事实是，“把关”是无法消灭的客观存在。不仅仅对中国是如此，对高举“新闻自由”旗帜的西方国家亦然，否则，我们无法解释“把关人”理论为什么最初发轫并至今流行于西欧和美国。传统媒体的“衰败”与“把关”的存在并无必然的联系。微博的出现，实际上让“新闻专业主义”更显珍贵。传统媒体人应该采取的更加切实的态度是，传统媒体如何应因以微博为代表的自媒体对“把关”带来的新变化、提出的新要求。

（作者系南方周末记者、南京大学金陵学院传媒学院副院长）

报纸把关人与微博“抵抗军”

□宋志标

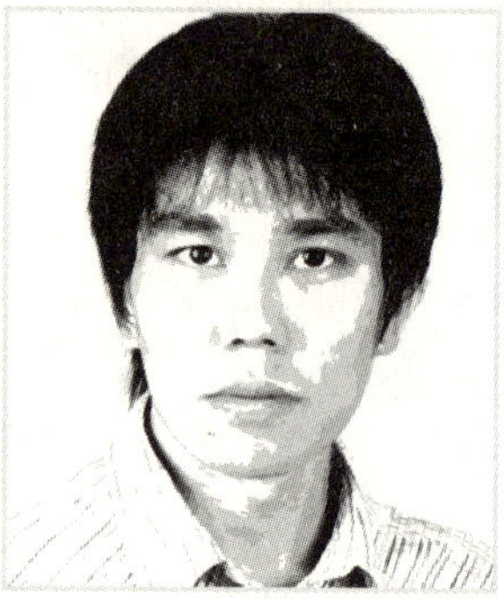

宋志标

时下一个流行的判断是：纸媒大势已去。即使它们在深度内容生产上残存优势，也不能与所谓新媒体竞争。在这个判断下，纸媒也开始了面向所谓新媒体的转向，也开始走不一样的路。

当然，本文不是要辨析“纸媒已死”这一命题的真伪，即便捎带评价纸媒式新媒体的行动前提是否恰当，但总的来说，这些真伪混杂的判断还是相当笼统，落实起来尚需谨慎斟酌。

一

值得一说的是，纸媒衰落，在它们的内部是如何发生的？换成中性的立场说，都说纸媒不好，那么好与不好是如何体现的呢？比如说，报纸的把关人理论还有解释力吗？

把关人理论是传播学中的一个公理，大意是信息传播不是一个畅通的理想过程，在不同环节有不同等级的人在决定信息的数量，也决定要不要取消或加工合成某些信息。

把关人理论到了网络时代（这个词也很笼统）有所进步，因为有了参照，相当于把关人增加了其他类型。但也止于此，把关人理论好像停滞不前，它好像说了什么，又好像什么也没说。

所以，还是要说回微博。在微博兴起后，报纸把关人面临着怎样的新势力和新环境？当然，微博上也有把关人，而微博把关人与报纸把关人是什么关系呢？是相互强化正当性，还是彼此取消？

把关人理论是一种新闻媒体的控制理论，这么多年来，纸媒享受着信息控制者的虚荣。可现在明显不是这样，它遇到的抵抗是前所未有的强烈。

有一个看法是，微博作为一种技术媒体，一种人际通联形式，它是对报纸把关人的否定。把关人理论在报纸与微博间转换时，经历了一种媒体形态否认另一种新闻形态的过程。

要证实这个设想，首先要说清楚微博究竟是什么，微博对报纸又意味着什么。论者通常用媒体进化论的思路解释这个问题：纸媒低级，微博是高级的，代表着进步。

可这个进化论的思路还不足以澄清问题。微博是人与人的相互发现，是人与人的相互联合。人们发现，他们自身的活动与声音，不需要向记者寻求合法性，不需要依赖报纸，他们就是媒体。

所以，微博对新闻把关的否认，并不是因为微博是更高级，而是说，

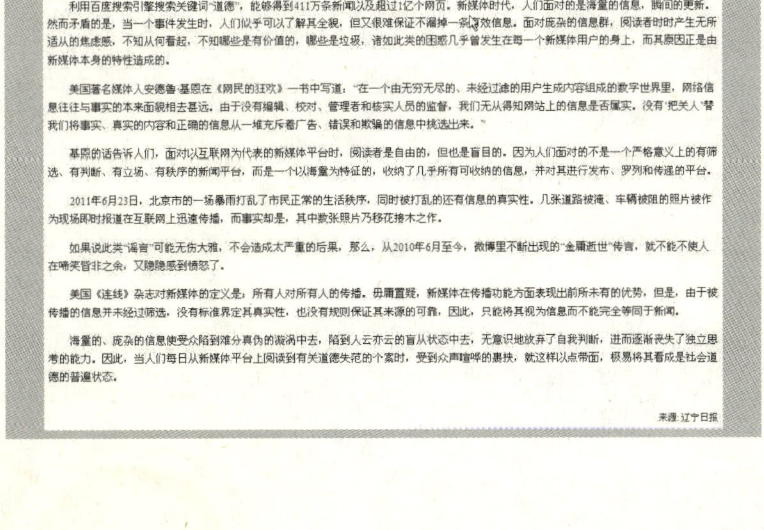

谁是"把关人"

2011-11-01 14:59:13

利用百度搜索引擎搜索关键词"道德"，能够得到411万条新闻以及超过1亿个网页。新媒体时代，人们面对的是海量的信息，瞬间的更新。然而矛盾的是，当一个事件发生时，人们似乎可以了解其全貌，但又很难保证不漏掉一条有效信息。面对庞杂的信息群，阅读者时时产生无所适从的焦虑感，不知从何看起，不知哪些是有价值的，哪些是垃圾，诸如此类的困惑几乎曾发生在每一个新媒体用户的身上，而其原因正是由新媒体本身的特性造成的。

美国著名媒体人安德鲁·基恩在《网民的狂欢》一书中写道："在一个由无穷无尽的、未经过滤的用户生成内容组成的数字世界里，网络信息往往与事实的本来面貌相去甚远。由于没有编辑、校对、管理者和核实人员的监督，我们无从得知网站上的信息是否属实。没有'把关人'替我们将事实、真实的内容和正确的信息从一堆充斥着广告、错误和欺骗的信息中挑选出来。"

基恩的话告诉人们，面对以互联网为代表的新媒体平台时，阅读者是自由的，但也是盲目的。因为人们面对的不是一个严格意义上的有筛选、有判断、有立场、有秩序的新闻平台，而是一个以海量为特征的，收纳了几乎所有可收纳的信息，并对其进行发布、罗列和传递的平台。

2011年6月23日，北京市的一场暴雨打乱了市民正常的生活秩序，同时被打乱的还有信息的真实性。几张道路被淹、车辆被阻的照片被作为现场即时报道在互联网上迅速传播，而事实却是，其中数张照片乃移花接木之作。

如果说此类"谣言"可能无伤大雅，不会造成太严重的后果，那么，从2010年6月至今，微博里不断出现的"金庸逝世"传言，就不能不使人在啼笑皆非之余，又隐隐感到愤怒了。

美国《连线》杂志对新媒体的定义是：所有人对所有人的传播。毋庸置疑，新媒体在传播功能方面表现出前所未有的优势，但是，由于被传播的信息并未经过筛选，没有标准界定其真实性，也没有规则保证其来源的可靠，因此，只能将其视为信息而不能完全等同于新闻。

海量的、庞杂的信息使受众陷到难分真伪的漩涡中去，陷到人云亦云的盲从状态中去，无意识地放弃了自我判断，进而逐渐丧失了独立思考的能力。因此，当人们每日从新媒体平台上阅读到有关道德失范的个案时，受到众声喧哗的裹挟，就这样以点带面，极易将其看成是社会道德的普遍状态。

来源：辽宁日报

它让人们站在了高处。站到高处意味着可以俯视一举一动，受众与把关人不在一个平行世界了。

二

由此带来的变化是颠覆性的。报纸采编权限受到前所未有的削弱和降低，主要表现为报纸把关人的行动特性被改变。把关的隐蔽性消失，微博将把关行为公之于众，大白于天下。

比如，采编流程再也不能隐身幕后，被删减的部分可能立刻出现在微博上，是谁删减了什么内容，甚至删减依照的标准都会被微博公开，被用户记住。这一点改变随之带来更多改变。

报人一向声称，他们的工作是让传播更完善，让信息更完美。但微博对报纸新闻的映衬与挤兑，让他们显现了信息破坏者的面貌。至少受众会如此认为，微博还会加强这个印象。

随着报纸把关人的特性被微博改变，把关人行事的手段也开始失效。这就是多米诺骨牌倒下了第一张牌。受众凭借微博对报纸把关人施加的抵抗，这对把关人是一个彻底的打击。

微博让受众获得如下抵抗能力：检查信息的功能受到损毁，信息加工遭到反击，评价作用失效，导向被重新定位，希望搭建的“桥梁”被切断。

微博与人的结合，产生上述效力不是在少数人身上起效，而是三四亿微博常用户都这样行事的，这里面蕴藏的力量就很大。报纸采编及其行动的公开化，带来了受众抵抗的公开化。

在这样的情况下，报纸把关人所面对的“读者”，早已不是魔弹论的受害者：报纸放出什么信息，接受者就会无条件接纳。报纸读者变为“新闻用户”，其含义和实力都要被重新评估。

这是一个关键环节，几乎决定报纸的歧路所在。评估之后，关键看应对。如果将“读者”的实力增长看做强化把关的理据，试图用把关来约束他们，那无疑是报纸悲剧的开始。

三

如果报纸把关人惶恐地关闭更多门，结果只有一个，那就是加重与用户的信息不对称。这里的信息不对称不是把关人占优势，而是用户占优势，释放的有效信息越少，越被动。

这是一种在微博环境下重新学习新闻传播平衡的艺术。遗憾的是，报纸很少能在这个认知起点上学习，而是因循守旧，怀着恐惧心理，依然守在原有的起点处不断"拉闸"。

说白了，这是一种固步自封。它丧失了把关的弹性，令把关更加脆弱。如果只知道上紧把关的程度，会将把关人带入死胡同。此时情状，类似于把关人通过"把关"取消自己。

这样推断，不只是逻辑上的，报纸遭遇的衰微，实际上就是很好的现实对应。当然，在信息传播中，把关是永远存在的。

微博势力的扩大化，从把关人的角度看，就展现了这样的平衡技巧。这不是对媒体不同形态上的平衡，而是对把关技艺的重新平衡。许多人都奔着媒体形态去说事，无视这一点，造成盲动和误区。

换言之，报纸把关人如果不能在新形势下重新评估效果，而是单方面受惊于微博用户的实力提升，一味强调守卫，而不是开放，这种旧的把关惯性还会延伸到所谓新媒体上。

陈旧的报纸把关手法蔓延到别的媒体形态上，这样的后果可以预料。这就是所谓新媒体一直让人不能信任的理由。不是新媒体有错，而是我们对待新媒体的方式有错，不可能单靠转换形态打天下。

对微博而言，一张报纸的把关是把关，一家报团的把关也是把关。假如后者的把关没有梯次和弹性，那么对微博用户来说，一张报与一个包含所有媒体形态的报团也没有区别。

许多人都在大谈报纸阅读者的改变，确实有改变，但他们的改变是因为报纸在内部

理论探讨

范敬宜党报把关艺术初探

◎陈丽娟　西安培华学院文法学院新闻系

把关人的变迁上没有共识，没有余地。“读者”对报纸的抛弃，其实是对这种把关人模式的抛弃，是为逆袭。

在没有微博之前，即使是门户网站，也不能让报纸把关人有所反思或警醒。可现在真的不一样了。指望用所谓新媒体来摆脱把关人的惯性，这是徒劳的，很不现实，最终还要直面真问题。

四

当微博成为“门户”，它对把关人理论的贡献，并不限于暴露报纸把关遇到的挑战。在微博上也有把关，可这种把关人遇到的问题与报纸不一样，问题的清单要更深刻些。

把关人理论在进入大陆传播课堂后，在网络时期有所推进，但在微博时代似乎还没有更有说服力的成果。为推进后面的论述，这里先放一个问题：如果没有微博，报纸把关人就不会尴尬吗?

微博的把关工具，从审查本质上是对报纸的模拟和继续推进，但不完全等同于报纸把关。微博也要引导，也要限制，也要遮蔽，但微博把关人进行的另外一种针对人的控制行动。

微博把关是对人的把关，而不只是对信息的把关。这从微博设置的删号功能上可见一斑。报纸的采编岗位可以替代，但微博用户删了就是删了，被删者特定的信息放送就此丧失。

由于微博用户与报纸“读者”的权力有差异，微博把关人与报纸把关人处在不同的时空上。报纸出版是线性的，微博则是实时的，同时把关，但不在一个层面上，两下并不能做到同质的把关。

五

如果没有微博，这些会发生吗？这是有些报人常常懊悔的问题，更有甚者，以否定的回答来继续为自身寻找存在的理据。这样的做法的特点是自以为是，一直是办报过程中未能清除干净的办报人中心论。

在一个正常的媒体环境下，报人一定会适应微博开始调节松紧。关掉纸版也好，建立报纸收费墙也好，都是与形势相协调的动作。是要与微博或社交媒体共存，而不是对抗用户。

也只有在特定的环境下，才会出现将紧缩的、失去弹性的把关称之为报业转型。用一种抗拒的心态，丧失“读者”，连带培养出微博“抵抗军”。这是对把关人的反讽。

但也不可否认，微博会让报人采取一种非常激进的把关原则，直到取消掉报纸之所以为报纸的特性。一旦通过取消报纸，来取消问题，那就是另外一种性质的事情了。

六

最后要说的是，把关人理论作为分析工具，自从引进大陆后，一直被粗糙地利用。到了微博这个时期，它那些未被正视的分歧又出现了，体现为更严重的分裂，这造成了理论似乎不再适用的假象。

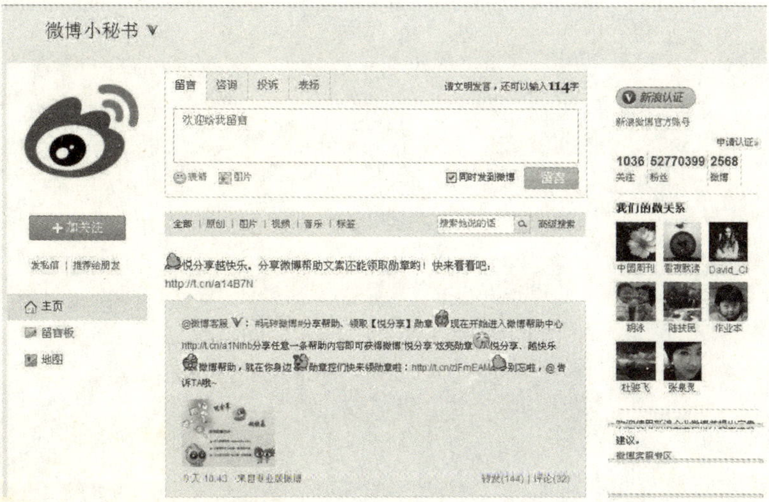

通过将受众定义为把关人的一个传统类型，以此压抑他们的重要性。等到到了微博用户这里，这个类型势力大增，他们把自己从把关人控制的流程中挣脱出来，这是用户的自我解放。

这个解放对理论阐释带来了压迫，这也意味着：将微博用户再看做把关人，是否还合适，这都成了问题。某种意义上，他们从报纸把关人、微博小秘书的“统治下”游离出来了。

报业转型之难，不在于形态转换之难，而在于把关人转身之难。这种情况不止是中国特有，哪怕在报纸环境更宽松的国家，也未能很好解决。区别只在于，别人终究可以转，你这里是否能转?

需要说明的是，把关人理论并不隶属于新闻学，它是传播学科的研究与发现。因此，这一理论带有中立的色彩。新闻理论是不是意识形态化，它都在那里，都要求被正眼看待。

也许还有更绝望的追问：微博作为巨型媒体，如果通过肢解它，来抵消报纸把关人的压力，可行吗？作为解题参考的是：微博只是人际的形式，你认为可以用否定人来办一份给人看的报纸，或别的什么吗？

（作者系资深媒体人）

微博时代的新闻权威

□白红义

白红义

对于新闻工作的性质，不同的人有不同的看法：一种主流的观点认为新闻是一个具有一定知识含量的专业；也有人认为新闻不过是一门手艺，一代代的新闻从业者就是在实践中逐渐成为熟手的。这些观点在各自的语境下各有道理。那么，应该如何看待互联网时代的新闻工作，它究竟是一个专业还是一门手艺？

在笔者看来，或许更适合将互联网时代的新闻工作视为一种文化权威。1992 年，美国传播学者芭比・泽利泽在她对肯尼迪遇刺案的经典研究中提出了“新闻权威”的概念。按照她的界定，新闻权威是指新闻记者获得了准确、真实、客观地解释社会现实的权力，它主要来源于新闻记者在文化生产场域中所处的专家位置。记者的权威正是通过特有的叙事权力来实现的，这种叙事不仅指记者对于其所报道的新闻事件本身的叙事，即如何呈现新闻故事，而且还包括对其新闻实践活动的叙述。

在互联网兴起之前，记者的新闻生产过程一般是隐匿于幕后的，公众看到的通常只是他所生产的产品，并不知晓记者是如何制作新闻的。但随着互联网技术的不断更新，公众参与新闻生产成为一种可能，他可以提供事实，也可以发表意见，从而直接或间接地介入到新闻生产过程中来。如果说，在传统媒体时代，专业新闻工作者独占了新闻权威的话。那么，到了互联网时代，公众同样拥有了阐释新闻的权力，从而对专业记者的新闻权威发起了挑战。

一

公众对新闻过程的参与并不是互联网时代特有的产物，而是具有很长的历史。早在18世纪的英格兰，报纸会固定在第三版的下方留出一定的空间，供读者添加自己的发现，比如拼写和语法错误、事实性的差错及无聊的评论，然后这些内容会随报纸传递到读者的亲戚朋友手中。这一做法也被北美殖民地的一家报纸《公共事件》所采用，该报专门留出第四版供读者在把报纸传递给别人之前添加他们自己的新闻。不过这一做法因为这家报纸被关闭而很快消失。

随着新闻的专业化，那些鼓励读者在报纸出版后贡献新闻的做法也走向了终结，新闻的内容完全由专业的新闻工作者来决定。除了“读者来信”这种形式外，公众鲜有机会介入到新闻生产过程。而且这种来信也要经过专业记者的审查，获得认可后才会出现在报纸上。显然，这种参与是非常有限的。互联网则为公众介入新闻过程提供了各式各样的机会，这种参与专业新闻制作的能力甚至远远超过了18世纪读者为报纸贡献内容的能力。

过去十多年，欧美发达国家的新闻机构不得不面对这一令人烦恼的冲击，公众通过在线的新闻空间而展现出的参与程度与种类都大大扩展了：从最基本的对一则新闻故事的评论，到维基百科式的集体写作和编辑。学术界已

经发展出很多概念来描述以前作为受众的人们对在线报纸内容的贡献，如“用户生产内容”（user-generated content）、“公民新闻”（citizen journalism）、“参与式新闻”（participatory journalism）等。上述三个概念经常被交替使用来描述公众在新闻信息的搜集、报道、分析和传播过程中所扮演的积极角色。

在新闻生产中，专业控制与公众参与之间的矛盾已经成为一个现实的问题，甚至引发了公民新闻是否终将取代专业新闻的疑问。关于这一问题已经形成了两种截然相反的看法。一种观点认为，互联网使得生产和发布新闻的门槛大大降低，当业余人士可以参与到新闻过程中时，社会对专门的新闻机构的需求将大大减少。与之相反的观点则认为，公众参与无法创造真正多元和自主的新闻，它所代表的公共性是相当可疑的。公民新闻的报道者可能只是碰巧在新闻现场，他未必愿意投入时间和精力去寻找更多的消息来源，力求公正全面地呈现事件。而专业新闻作为一项组织化的产品，有其一套成熟的新闻常规和价值理念。

但从现有研究来看，专业新闻究竟在多大程度上受到公众参与的冲击仍是个难有明确答案的问题。一方面，公众参与更多地体现在观点的表达和传播上。有研究表明，报纸网站在新闻生产的多数阶段提供给用户的参与选项都是相对有限的，只有在生产过程的最后一个阶段即新闻的阐释阶段，用户才被鼓励评论或者讨论专业记者已经制作完毕并出版的内容。另一方面，传统新闻业也努力将公众参与纳入到原有的新闻生产过程，将其常规化甚至予以重构，比如增加新闻的评论功能、重视从互联网上获取消息来源等，这些举措反而大大拓宽了原有的报道和言论的范围和空间。也

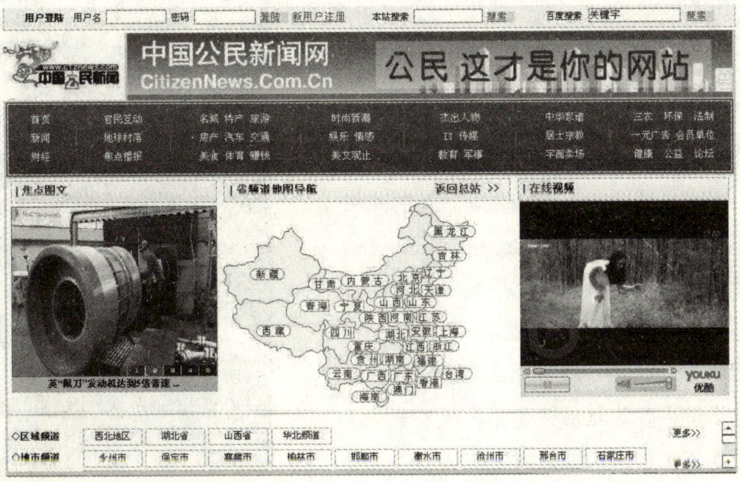

就是说，公众参与并未能真正地消解专业新闻的存在，专业记者作为把关人仍然牢牢地掌控着新闻生产的绝大多数权力。

尽管如此，我们依旧不能忽视用户在互联网时代对于专业新闻生产的意义。记者已经不得不习惯于受众在新闻生产过程中越来越多的存在，并导致记者与用户之间关系的慢慢改变。用户借助互联网尤其是web2.0以来的互联网技术的发展，在新闻的生产和传播过程中的参与规模和力度均远超以往，以至于长期以来媒介内容生产与消费的界限正逐渐被打破。这种融合过程不仅是一种技术现象，而且也是一种文化现象，它所形成的参与文化强调并且鼓励终端用户参与到新闻的创造和发行过程中。然而，对于专业记者来说，这一现状却可能让他们陷入一种两难境地：一方面，维护专业自主性的渴望深深嵌入在他们心里，因为新闻决策的判断代表着地位和权威；而另一方面，对于媒体的公共服务的角色的认可又意味着必须鼓励公众参与和积极的协商。

可以说，公众参与不仅仅是一个技术驱动的过程，它还体现出新闻的参与逻辑与专业逻辑之间的复杂互动关系。在新闻场域中，记者和公众之间的关系不再是传统传播平台上传者vs.受者的单向线形传播模式，而是场域中竞夺新闻权威的对手。在专业逻辑看来，专业记者才是决定公众看什么、听什么、读什么的人，这是一种在记者群体中集体共享的、理所当然的假定，认为记者会

2003未完成的遗憾
孙志刚事件引发的司法渐变
四大话题
渐变
废除
清查
禁止
惩治

按照标准的角色行事，代表社会对新闻内容实行把关控制。这一点恰恰是记者新闻权威的来源所在，因此他们并不愿意轻易地放弃对新闻的把关人作用。

二

如果说，长期以来，中国记者的权威来自于新闻作为权力结构的附庸的话，那么，随着市场化改革而开启的新闻专业化则为塑造新闻权威提供了可能。只不过，互联网的介入使这一问题变得更加复杂，中国新闻业处于一个专业化与去专业化的两重力量的拉扯中。因此，在不同的案例中，我们既能看到对于新闻权威的巩固，也能看到对于新闻权威的消解。前者如 2003 年的孙志刚事件，后者如 2009 年的邓玉娇事件。

由于中国相对特殊的舆论生态，互联网在中国社会具有十分特别的意义。它更多地作为一种“另类媒介”介入到社会变迁中，近年来每一起重大的社会事件几乎都与互联网紧密联系。互联网这样一个意见生产平台自然有它独到的价值和作用，有利于让公众快速获取信息、积极表达意见，甚至是促使社会行动。

在互联网兴起之前，记者的新闻生产过程一般是隐匿于幕后的，公众看到的通常只是他所生产的产品。而随着互联网技术的不断更新，公众也

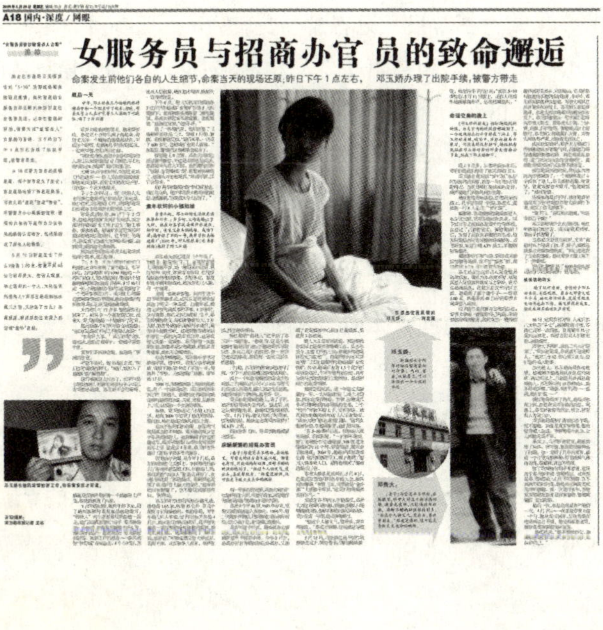

A18 国内·深度 / 网眼

女服务员与招商办官员的致命邂逅

命案发生前他们各自的人生细节，命案当天的现场还原，昨日下午 1 点左右，邓玉娇办理了出院手续，被警方带走

可以直接或间接地介入到新闻生产过程中来。在中国，公众参与新闻生产的平台和形式都相对有限，主要是以舆论影响的形式发挥间接的影响。尤其是微博兴起后，它特有的技术特点使网络舆论以更加直接、即刻的方式影响着记者的情感、判断和倾向，进而影响到新闻报道所呈现出来的内容。

2003年以后，以互联网为代表的新媒体与传统媒体产生了良好的互动，共同改变了相关议题的新闻报道。由于中国相对特殊的舆论环境，传统媒体在诸如群体性事件、高官贪腐、强制拆迁等敏感议题上保持沉默，以微博为代表的社会性媒体则为公众参与新闻生产过程提供了新的途径。

从积极的意义来说，这种参与一定程度上弥补了传统媒体新闻生产的缺陷。人们通过新媒体平台将一些处在“黑色”区域的新闻事件公之于众，吸引网友的关注，并很可能形成强大的舆论压力，以促成事件的处理。类似的成功案例都少不了专业记者与网络用户的互动，这在无形中增强了专业记者的新闻权威。2003年的孙志刚事件就是一个很典型的案例，在学者和记者的叙事中，这一事件几乎成为媒体公共性的典范。

但从消极的意义来看，公众的深度参与又使得事件的真相在众声喧哗之下更加难以获得，在对事件的讨论过程中，情感高于理性，立场高于事实，记者们无法不受到影响，专业的新闻报道愈显稀缺。“民意”似乎具有天然的正当性，以至于许多专业的新闻工作者成为网络舆论的追随者，对网络民意的真伪不加区分和辨别，盲从和屈服于非理性的网络民意；在为网络民意所驱动时，为迎合网络民意而失去理性与客观性，从而将新闻权威的管辖权拱手让出。

2009年《南方都市报》记者龙志发表的《女服务员与招商办官员的致命邂逅》一文使他成为被网友“人肉”的对象，因为这篇稿件作者忠实于采访的事实而打破了网络舆论树立起来的形象——烈女邓玉娇、狰狞鼠辈邓贵大——并不是民众所赋予的那样。网上骂声一片，网民甚至写信问责《南方都市报》，要求开除记者龙志。

类似事件或许会对记者的心理产生微妙的影响：当媒体和记者的报道体现出一定的倡导色彩，其新闻框架符合网友们的心理预期时，会获得网络舆论的赞扬。但当有些媒体和记者试图做出相对中立的报道尝试时，立刻遭到网络舆论的抨击。这种“爱憎分明”的表现就迫使记者今后在报道此类事件时，更加注重立场，而非事实。

记者们在邓玉娇事件报道中的不同遭遇促使一些新闻工作者开始反思网络民意与专业报道之间的张力。在《南方传媒研究》组织的专题文章中，参与讨论的记者都表示了对网络舆论的警惕。这在某种程度上体现了少数记者的专业反思，在维护新闻权威时，除了要应对政治、商业的干预，还要强调媒体相对于外部舆论的独立性。

现实的困境在于，人们依旧更多从正面意义看待网络舆论，赋予它突破新闻管制、扩大公民参与、促进民主建设等解放意义，却遮蔽了它在社会中的复杂面向。长此以往，新闻权威不是得到增强，而是大大地消解，网民代替记者成为了社会现实的次要界定者。

从这个角度看，新闻界对于邓玉娇事件的专业反思尤显珍贵。我们不仅需要一再地纪念孙志刚事件，让它成为记者们的集体记忆，因为它代表着记者作为社会良心的荣光。同时，我们更应该不断地反思邓玉娇事件，因为它是新闻权威遭遇巨大挑战的关键事件。

（作者系上海社会科学院新闻研究所助理研究员）

新闻专业主义的消解与重构
——以报纸和微博揭丑报道为起点的讨论

□郜书锴

郜书锴

继“表哥”杨达才在微博上被扳倒之后，最近又被扳倒的是“雷公”雷政富。据新浪微博认证为@纪许光的网友10月20日微博实名举报重庆北碚区委书记雷政富与18岁情妇淫乱。随后，海量的“人肉”信息飞速浮出水面，举报仅3天之后，重庆市委免去了雷政富北碚区委书记职务，并对其立案调查。微博，再一次以公民的集体力量争取了与传统媒体机构媲美的新宠地位。许多报纸发出心惊肉跳的惊呼：微博围剿报纸的危险已经兵临城下！

一、报纸揭丑：新闻专业主义的金钥匙

调查性报道也称“揭丑报道”，被西方新闻界定义为“关于犯罪、政治腐败和其它丑闻的报道”。这一报道样式的出现是在19世纪末，曾经被西方主流和大众化报纸所广泛采用。但由于来自政治和经济的重重压力与缺乏竞争压力，揭丑报道并没有真正成为报纸新闻的主流形式。但在20世纪60-70年代，揭丑报道又再度受到追捧而风靡西方主流与大众报纸，甚至还出现了以此为业的专业化报纸。隐藏其中的秘密便是，虽然此种报道风险较大，采访成本又较高，报社和记者却始终乐此不疲，调查性报道成为报纸新闻专业主义的金钥匙！

A14 特别关注

一个区委书记的现形记

雷政富同志的12史记 从12年到12秒的“真爱”

时间：2012-11-24 来源：新浪微博 分享到：

【他与12..】他用了12年爬到今天的位置，他用了12个月给她买礼物帮他安排工作变着法子哄她开心，他用了12天养精蓄锐调养身息，他用了12个小时安排好手上的工作抽出时间开好房间静静等她，他用了12分钟洗澡换衣服脱裤子，而这一切，只是为了和她在一起的12秒，如果这都不是真爱，那还有真爱吗？(by @许熙悉)

回顾调查性报道的发展历程，可以发现它的出现首先与报纸公信力退化直接相关。上世纪60年代，西方报纸的公信力空前下降，这必然导致报纸销量的下降。报业巨头为了维护高额利润，必须重塑报纸公信力。作为报道策略的揭丑报道再次浮出水面，从而使报纸作为“第四权力”的地位得以强化。还有一个重要原因是当时电视的普及给报纸生存带来空前压力，电视以后来居上的姿态不断切分报纸的读者和利润。调查性报道以深度报道为主要目标，这是报纸与电视相比最大的优势，报纸充分利用了这一独特优势守卫着自己的阵地，与广播、电视形成“三分天下”的格局。

尽管调查性报道为报纸带来了热情的读者和丰厚的利益，但来自政府与社会的压力又使揭丑报道困难重重，政府与企业客户不但是报纸消息的主要来源，同时也是报纸收入的主要财源，揭露政府和企业的丑闻，报纸就会失去这些赖以生存与发展的财源与信源。与此同时，调查性报道本身需要的时间和经济成本较高，没有足够的工作能力和富裕的经济作后盾，调查性报道就无法顺利进行。因此，在各国报业实践中，从事调查性报道的记者都是报社最优秀的、坚持专业操守最卓越的记者。

调查性报道因风险较大、耗时较长、采访成本较高而几经兴衰，但它依然被看成报纸自塑公众形象、提高影响力的一个有效手段。记得一位媒体人说过类似的话，一个绝对有效的改善报纸自身灰暗形象的手段就是向坏人们发动一场公共改革运动。因此，从新闻史上看，每当发行量下降，或公信力蜕化的时刻，报纸都要发动一场“揭丑战役”。而如今，在与传统的电视和广播中幸存下来的报纸，还要与微博等新媒体“赤膊上阵”，生存之战再次把几经磨难的报纸逼上绝境。

二、微博揭丑：新闻专业主义的试金石

知名传播学者吴飞教授认为新闻专业主义理念主要包括客观性理念、自由与责任、为公共服务和自律与他律等。他指出，传媒业被期望成为公共利益的守护者，似乎在新闻业出现后不久就产生了，尤其是新闻业开始意识到自身的发展需要有专业主义理念之后。那时，为“公共利益”、“公共福祉”而发掘社会中隐藏的真相成为一种崇高的职业理想，又成为其张扬合法性的基础。

西方知名新闻记者伯格曼，曾是普利策新闻奖的得主，他认为“公共利益”是一个社会和国家的整体利益，新闻的最大价值莫过于其所揭露的问题换来所有人的安康和幸福，媒体的责任就在于将那些危害公共利益的事件暴露出来。新闻专业主义作为传统媒体的金钥匙遭遇微博挑战，在一个更加突出“时效性”和“近用性”的微博时代，新闻爆料和揭丑报道成为“批判的武器”登上历史舞台，以消解新闻专业主义的方式重构新闻专业主义。以雷政富报道为例，因为传统媒体渠道的相对“保守”和新闻信息流的相对“阻塞”，微博以其“便捷性”渠道和“爆炸性”传播等特性，赋予新闻专业主义新的内涵。

雷政富事件的媒体参与框架已经显示出微博的革命性力量：笔者于11月24日21:31搜索“雷政富”微博条数达130万条，共有17万条相关原创微博，如此庞大的海量信息是报纸和任何传统媒体不可企及的。微力量形成的信息流赋予微博革命性的力量。同样，从媒体的参与顺序来看，报纸和通讯社等传统媒体随后跟进，但微博是始终在场的媒体：

11月20日，网友@纪许光实名举报重庆北碚区委书记雷政富与18岁情妇淫乱。

11-21 14:54 纪许光：本博刚刚接到可靠消息：重庆市北碚区委书记雷政富，已调动北京资源，四处活动，试图删除、禁报其涉嫌包养情妇并与之淫乱一事。

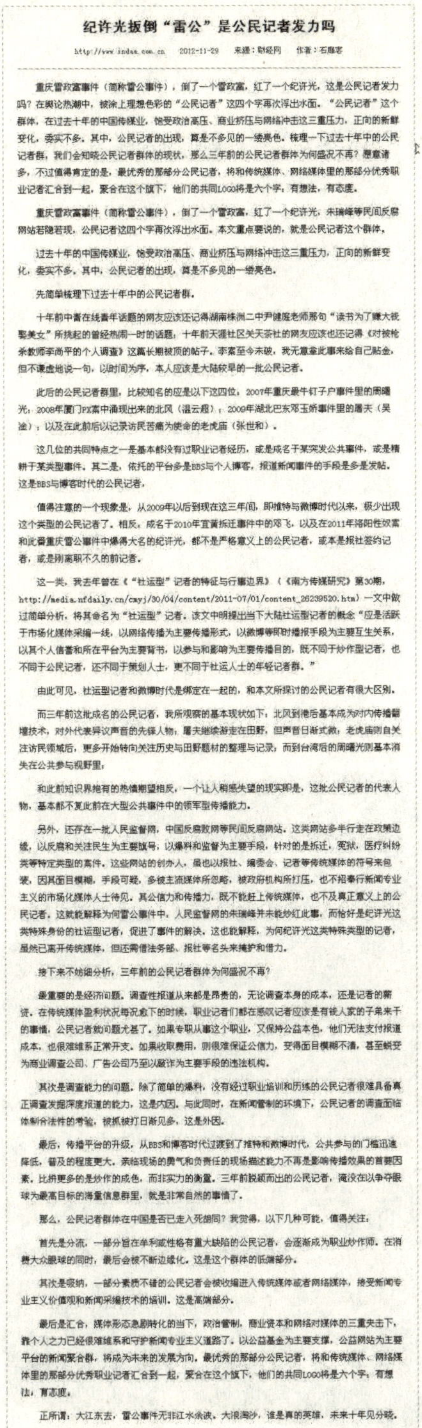

纪许光扳倒“雷公”是公民记者发力吗

http://www.indaa.com.cn　2012-11-29　来源：财经网　作者：石扉客

重庆雷政富事件（简称雷公事件），倒了一个雷政富，红了一个纪许光，这是公民记者发力吗？在舆论热潮中，被涂上理想色彩的“公民记者”这四个字再次浮出水面。“公民记者”这个群体，在过去十年的中国传媒业，饱受政治高压、商业挤压与网络冲击这三重压力，正向的新鲜变化，委实不多。其中，公民记者的出现，算是不多见的一缕亮色。梳理一下过去十年中的公民记者群，我们会知晓公民记者群体的现状，那么三年前的公民记者群体为何盛况不再？歷意诸多，不过值得肯定的是，最优秀的那部分公民记者，将和传统媒体、网络媒体里的那部分优秀职业记者汇合到一起，聚合在这个旗下，他们的共同LOGO将是六个字：有想法，有态度。

重庆雷政富事件（简称雷公事件），倒了一个雷政富，红了一个纪许光，朱瑞峰等民间反腐网站若隐若现，公民记者这四个字再次浮出水面。本文重点要说的，就是公民记者这个群体。

过去十年的中国传媒业，饱受政治高压、商业挤压与网络冲击这三重压力，正向的新鲜变化，委实不多。其中，公民记者的出现，算是不多见的一缕亮色。

先简单梳理下过去十年中的公民记者群。

十年前中青在线青年话题的网友应该还记得湖南株洲二中尹健庭老师那句“读书为了赚大钱娶美女”所挑起的曾经热闹一时的话题；十年前天涯社区关天茶社的网友应该也还记得《对被枪杀教师李尚平的个人调查》这篇长期被顶的帖子。李案至今未破，我无意拿此事来给自己贴金，但不谦虚地说一句，以时间为序，本人应该是大陆较早的一批公民记者。

此后的公民记者群里，比较知名的应是以下这四位：2007年重庆最牛钉子户事件里的周曙光；2008年厦门PX案中涌现出来的北风（温云超）；2009年湖北巴东邓玉娇事件里的屠夫（吴淦）；以及在此前后以记录访民苦痛为使命的老虎庙（张世和）。

这几位的共同特点之一是基本都没有过职业记者经历，或是成名于某突发公共事件，或是精耕于某类型事件。其二是，依托的平台多是BBS与个人博客，报道新闻事件的手段是多是发帖。这是BBS与博客时代的公民记者。

值得注意的一个现象是，从2009年以后到现在这三年间，即推特与微博时代以来，极少出现这个类型的公民记者了。相反，成名于2010年宜黄拆迁事件中的邓飞，以及在2011年洛阳性奴案和此番重庆雷公事件中爆得大名的纪许光，都不是严格意义上的公民记者，或本是报社签约记者，或是刚离职不久的前记者。

这一类，我去年曾在《“社运型”记者的特征与行为边界》（《南方传媒研究》第30期，http://media.nfdaily.cn/cmyj/30/04/content/2011-07/01/content_26239520.htm）一文中做过简单分析，将其命名为“社运型”记者。该文中明提出当下大陆社运型记者的概念“应是活跃于市场化媒体采编一线，以网络传播为主要传播形式，以微博等即时播报手段为主要互生关系，以其个人信誉和所在平台为主要背书，以参与和影响为主要传播目的，既不同于炒作型记者，也不同于公民记者，还不同于策划人士，更不同于社运人士的年轻记者群。”

由此可见，社运型记者和微博时代是绑定在一起的，和本文所探讨的公民记者有很大区别。

而三年前这批成名的公民记者，我所观察的基本现状如下：北风到港后基本成为对内传播翻墙技术，对外代表异议声音的先锋人物；屠夫继续游走在田野，但声音日渐式微；老虎庙则自关注访民领域后，更多开始转向关注历史与田野题材的整理与记录；而到台湾后的周曙光则基本消失在公共参与视野里；

和此前知识界抱有的热情期望相反，一个让人稍感失望的现实即是，这批公民记者的代表人物，基本都不复此前在大型公共事件中的领军型传播能力。

另外，还存在一批人民监督网，中国反腐败网等民间反腐网站。这类网站多半行走在政策边缘，以反腐和关注民生为主要旗号，以爆料和监督为主要手段，针对的是拆迁，冤狱，医疗纠纷类等特定类型的案件。这些网站的创办人，虽也以报社、编委会、记者等传统媒体的符号来包装，因其面目模糊，手段可疑，多被主流媒体所忽略，被政府机构所打压，也不招奉行新闻专业主义的市场化媒体人士待见。其公信力和传播力，既不能赶上传统媒体，也不及真正意义上的公民记者。这就能解释为何雷公事件中，人民监督网的朱瑞峰并未能炒红此事，而恰好是纪许光这类特殊身份的社运型记者，促进了事件的解决。这也能解释，为何纪许光这类特殊类型的记者，虽然已离开传统媒体，但还需借法务部、报社等名头来掩护和借力。

接下来不妨细分析，三年前的公民记者群体为何盛况不再？

最重要的是经济问题。调查性报道从来都是昂贵的，无论调查本身的成本，还是记者的薪资。在传统媒体盈利状况每况愈下的时候，职业记者们都在感叹记者应该是有钱人家的子弟来干的事情，公民记者就问题尤甚了。如果专职从事这个职业，又保持公益本色，他们无法支付报道成本，也很难维系正常开支。如果收取费用，则很难保证公信力，变得面目模糊不清，甚至蜕变为商业调查公司、广告公司乃至以敲诈为主要手段的违法机构。

其次是调查能力的问题。除了简单的爆料，没有经过职业培训和历练的公民记者很难具备真正调查发掘深度报道的能力，这是内因。与此同时，在新闻管制的环境下，公民记者的调查面临体制合法性的考验，被抓被打日渐见多，这是外因。

最后，传播平台的升级，从BBS和博客时代过渡到了推特和微博时代，公共参与的门槛迅速降低，普及的程度更大。亲临现场的勇气和负责任的现场描述能力不再是影响传播效果的首要因素。比拼更多的是炒作的成色，而非实力的衡量。三年前脱颖而出的公民记者，淹没在以争夺眼球为最高目标的海量信息群里，就是非常自然的事情了。

那么，公民记者群体在中国是否已走入死胡同？我觉得，以下几种可能，值得关注：

首先是分流，一部分旨在牟利或性格有重大缺陷的公民记者，会逐渐成为职业炒作师。在消费大众眼球的同时，最后会被不断边缘化。这是这个群体的低端部分。

其次是吸纳，一部分素质不错的公民记者会被收编进入传统媒体或者网络媒体，接受新闻专业主义价值观和新闻采编技术的培训。这是高端部分。

最后是汇合，媒体形态急剧转化的当下，政治管制，商业资本和网络对媒体的三重夹击下，靠个人之力已经很难维系和守护新闻专业主义道路了。以公益基金为主要支撑，公益网站为主要平台的新闻聚合群，将成为未来的发展方向。最优秀的那部分公民记者，将和传统媒体、网络媒体里的那部分优秀职业记者汇合到一起，聚合在这个旗下，他们的共同LOGO将是六个字：有想法，有态度。

正所谓：大江东去，雷公事件无非江水余波。大浪淘沙，谁是真的英雄，未来十年见分晓。

11-21 16:31 人民日报：【重庆市纪委：正核实重庆官员不雅图像网帖】中共重庆市纪委表示，已注意到相关内容，正在了解核实。（人民日报记者刘志强）

11-22 11:27 新华视点：【网曝重庆北碚书记雷政富不雅视频】重庆市纪委宣教处一位副主任对记者说，重庆市纪委正在对网上传播的信息进行核实，如有进展会及时公布。

11-23 13:03 重庆微吧官方微博：网友曝出雷政富女友赵红霞周小雪大量高清照……求真相？？？不仅有生活照，啊，还有比基尼海边照？

11-24 05:27 头条新闻：【重庆不雅照官员将工程给胞弟遭老板雇女子拍照】据爆料人介绍，有建筑公司老板想拉拢与雷政富的关系获得工程，于是雇用并训练视频中女子，并让该女子化名成周小雪顺利成为雷的情人，拍下不雅视频。

雷政富事件被@NGO李博总结为《雷政富12史记》：他用12年爬到今天的位置；用12个月给她买礼物，帮她安排工作；用12天养精蓄锐、调养身体；用12个小时安排好工作、抽出时间、开好房间、静静等她；用12分钟脱衣、洗澡。这一切，只是为和她在一起12秒。如果这都不是真爱，那还有真爱吗？这就是重庆北碚区委书记雷政富和年仅18岁的情人赵红霞。

140个字长度，一条最长的微博，也只能以这种方式“画龙点睛”。从形式上看，微博以“碎片化”呈现了新闻事件的过程，以“动态化”追踪事件的蛛丝马迹，但与“一站式、全景式”的报纸报道比较显得很不完整，似乎与新闻专业主义背道而驰。其实不然，从新闻的生产过程来看，微博“直播报道”恰恰提现了“公共利益”这一专业理念，因为公民的自主性参与赋予公共利益更直接的含义，部分取代了报纸作为公共代言人的传统理念，公民的传播权由“制度赋权”演化为“自我赋权”，公民以微博等渠道直接表达利益诉求，发挥“环境瞭望”的作用。因此，微博既是对新闻专业主义的消解，又是对新闻专业主义的重构。

三、专业主义：微博时代的消解与重构

据中国互联网络信息中心（CNNIC）7月的报告：至6月底，我国微博用户数达到 2.74 亿，手机微博用户数量达 1.70亿，如此庞大的微博用户成为新媒体时代传播的主力军。上海交大舆情研究实验室编制发布的2012版《中国社会舆情与危机管理报告》显示：2011年度，报纸、互联网新闻和微博是社会舆论热点事件的三大曝光渠道，其曝光量分别占全年影响较大舆情事件的24.7%、24.9%、20.3%。作为社会舆论热点事件的曝光渠道，报纸与微博的作用几乎是平分秋色，微博影响力的提升速度之快令人刮目相看，上线才两三年的新浪微博和发行了100多年的中国报

纸（现代意义上的）几乎要平起平坐。

但是，考察信息量，微博系统里生产的信息量是报纸望尘莫及的。据2010年官方公布的数据显示，新浪微博每天的发博数超过了2500万条，其中有38%的信息来自于手机终端，微博总数累计超过20亿条。这个数字远远超出了传统媒介所能承受的信息量和受众面，成为目前最具影响力、最受瞩目的新兴媒体形式之一，报纸存在的必要性甚至被作为话题被郑重其事地摆上公共议题。研究者段钢认为：有一个问题长期被我们忽视，而这个问题将在判断报纸存在必要性时起到至关重要的作用。这就是，自媒体挑战的不仅仅是报纸等传统媒体由于拥有渠道而保有的地位，它挑战的是记者作为职业存在，乃至媒体行业作为专业新闻机构存在的必要性。传统媒体优势在于掌握新闻源，而当每个人都可成为新闻发布者，且这种新闻具有更强的贴近性和趣味性，那么，报纸等专业新闻机构制作的新闻就变得不那么有吸引力了。

另有研究者白红义认为：随着以微博为代表的社会化媒体的兴起，公众对热点事件的"围观"可以以转发、跟帖、评论、报道等各种形式完成，网民已经深度地参与到新闻生产的过程中来。传统的调查性报道一般由记者耗费较长时间进行独立调查，媒介组织和记者发挥着主导作用。但是以微博为代表的社会性媒体的兴起，正开始深刻改变这种报道机制，让调查

深度周刊

B01—B08

明星为何敢说话了

公共表达微博突围

V

Micro-Blogging

性报道的生产体现出更多公众参与、由快到深的“循环”特征。公众的积极参与、信息传播的快速需求和记者报道过程中社会动员的需要，都促使调查性报道的生产由记者主导、组织把关变成公众参与、协同传播；由一次刊发、单次传播变成接力赛跑、循环报道。

因此，在微博语境下，不少人惊呼：新闻专业主义遇到了严峻挑战——严格的把关是纸媒的自杀？不把关的纸媒就能与微博争长短？其实，报纸在与广播、电视的竞争中并没有被淘汰，在与微博等新媒体的竞争中也必然会杀出重围，在借鉴与改良的基础上，必将以思想启蒙和专业主义的优势而独领风骚。为此，报纸需要在以下四个方面坚守和延伸专业主义精神。

首先，报纸要迅速适应媒体环境。微博是互联网时代灿若群星的新媒体的新宠，在信息发布上具有最大的自由性，发布什么信息、什么时候发布信息，都由使用者自己决定，除了必须遵循的法律、道德约束和技术性屏蔽之外，几乎不受任何约束，信息的把关几乎只有使用者本人。显然，报纸在新闻发布过程中需要借鉴这一特性，减短把关流程，缩减把关时滞，提高新闻发布的时效性，打破报纸传播的时空阻碍、静态呈现，实现传播的即时性、动态性。此外，在做到核实信息、权威发布的同时，还要与门户网站合作或开发报纸的微博平台，在权威性与及时性上形成报纸与微博

的良性互动，从而构建一个全覆盖、全时空、全息型的全媒体传播格局。

其次，报纸要充分利用微博力量。从调查数据看，微博在社会热点事件的发布渠道上几乎与报纸平起平坐，尤其在揭丑报道上具有的“全民性”舆论动员优势已所向披靡，报纸等传统媒体不再是新闻传播的绝对垄断者和控制者，报纸似乎要从“带头大哥”堕落为“跟屁虫”，只好利用微博提供的海量信息进行再加工，秉承着新闻专业主义的精神，把微博的海量信息进行深度、完整加工。然而，在这一过程中，报纸不但可以因此节约采访的人力、经济成本，而且可以充分利用微博海量用户的参与热情，对140字的碎片化的事实信息进行专业化加工，以报纸的文图符号优势和版面语言优势，还原和呈现事件的真相与全貌，以文字特有的魅力娓娓道来，讲述一段跌宕起伏的故事，这恰是“万能的微博”所难以企及的。

再次，报纸要坚守公共利益原则。新闻专业主义所倡导的核心理念，无论是客观性理念、自由与责任、为公共服务和自律与他律等，说到底是坚守公共利益，这是作为“公器”的报纸等传统媒体存在的基石，也是区别与微博等自媒体的最显著的差异。虽然，微博在严格意义上并不是媒体，也不具备专业化的生产机制，公民个人的利益诉求难免狭隘与偏移，对公共利益的守望就不可能始终如一，而这些不足恰是报纸长期打造的“尚方宝剑”，因此不会在微博面前走上穷途末路，相反必然在与微博的竞争中再现“鲶鱼效应”，秉持新闻专业主义，坚守公共利益，报纸在传播格局中的主导地位依然会持久而有力。

最后，报纸要积极培育公民记者。公民社会或市民社会是指围绕共同的利益、目的和价值上的非强制性的集体行为。公民社会是处于“公”与“私”之间的一个领域。通常而言，它包括了那些为了社会的特定需要，为了公众的利益而行动的组织。微博用户组成了一个庞大的网络社群，培育和引导他们的公民意识，做到传播的客观、自由、责任、自律等行为规范，这是报纸应当承担的社会责任，毕竟造就成熟的公民社会是人类追求的终极目标。记得有位思想家说过，大致是说记者应该为社会提供最好服务，以证明其职业的正当性。报纸，责无旁贷。

我们知道，公平与正义是衡量一个国家社会文明发展的标准。实现和维护社会公平与正义，是构建民主社会的内在要求和核心理念。杜威说“民主的目标不是有效管理公共事务，其真正的目标是追求人的自由”。微博参与到报纸等媒体组成的传播系统，标志着一个更加开放的传媒体系的建立，预示着一个更加民主自由时代的来临，这一切都为实现人的自由创造了理想的条件。正如一位美国批评家所指出：越来越多的新闻受众通过多样化的媒体参与民主，打破了媒介精英的民主话语霸权，标志着社会的文明与进步。微博，是报纸新闻专业主义的延续，也是公民新闻专业主义的起点！

（作者系河南理工大学副教授、博士，第五届南方都市报新闻奖学金金奖获得者）

记者讲述

记者讲述

我只是对他们的命运感兴趣

□何三畏

何三畏

最近在外面遇到一些朋友，说起重庆的劳教故事，不免对我表示夸奖。我初听有点茫然，后来觉得，这种误会有它的道理。现在编辑几番索稿，我只得勉强交待交待。

我在《南方人物周刊》上的“重庆劳教”报道，两次稿子都是赶出来的。可能朋友们觉得我在重庆劳教报道中重要，包括我“率先发现”了重庆的劳教故事，而这些故事首先不是在媒体，而是在微博上讲出来的。我觉得这是值得一提的，作为 2012 年网络参与时事，或者叫“微博报道”的例子。

一

最初沾上这件事，是因为浦志强律师。在此以前，我对劳教没有什么感觉。我知道劳教在中国政治设计中的重要性，但是，没有身边的人给我讲过劳教的感受。

今年 5 月初的一天傍晚，浦志强突然给我电话，说他到成都来了，隔会儿还有“一坨屎”要来。“一砣屎”即重庆一个著名的“网络言论劳教案”的代称（后来在《南方人物周刊》的报道中，它叫《被劳教的红二代》）。故事的主人公叫方洪，重庆涪陵人，在李庄案“第二季”的时候，他把重庆“法办”李庄，比喻成薄熙来“屙了一坨屎”，在重庆的公检法旅行了一圈之后，又回到薄的案头，成为薄的一个麻烦。

方洪因为这个帖子被重庆市人民政府劳动教育管理委员会处以两年劳教。在写作本文（12月8日）的前两天，得知当时要“法办”方洪，有时任公安局长王立军的指示。这是后话。只说方洪来成都的时候，才放出来一个星期。薄熙来和王立军二位先生已经被党认为犯了“严重错误”，失去自由好几个月了，方洪还是两年劳教期满才释放出来的。

现在，我们看到方洪讲起当时的事情，就骂人，用粗话骂薄、王，仿佛胆子很大，但当天晚上，我看到他还在恐惧中，说话很胆怯的样子。他选在成都和浦志强律师见面，是害怕在重庆被跟踪。

浦志强选择了这个案子做法律援助，代理方洪起诉重庆市劳教委。

我被这个故事吸引住了。

二

第二天，我就跟浦志强和方洪奔重庆、涪陵。当时重庆的事情还不明朗，我接受了一个说法，大约是好事坏事都不去理会它的意思。我当时没想到近期可以报道，连火车票和旅馆发票都没有保留。我只是有兴趣了解这些“奇观”，相信这些故事总有一天会讲出来。

顺便讲一句，直到今天，重庆的故事也还有很多没有讲出来。有一位领导干部在十八大后对媒体说，不存在重庆模式，只是在薄时期，重庆的经济发展

低于全国水平。我对他的后半句没有感觉，但觉得他的前半句说得对。其实，重庆模式就是所谓“中国模式”的加强版。重庆的劳教故事，在全国各地都找得到，只是重庆尤烈。

我们没有在重庆停留，就坐火车往方洪所在涪陵赶了，目的是去地处涪陵的重庆市第三中级人民法院，起诉重庆市劳教委对方洪的处罚不合法。

从这一次起，我就把浦志强跟定了。他每一个月至少来两次重庆，我都跟着。说实话，每一次都很忙，很辛苦。但每一次都会听到新的荒谬到出人意料的劳教故事。浦律师从中选择因网络言论被惩治的当事人做援助。

我喜欢看这些被劳教人士的申诉过程，还有作为一个律师跟国家法律机关打交道的情况。我都活了大半辈子了，观察这种情形，每次都不免惊奇和压抑。你会觉得，一个没有权力的人，活着真难，没法讲理。例如，黄成城（因为 QQ 言论，目前正在两年劳教期中）的姐姐，到重庆市一中院申诉，已经 8 次（她有记录），委托浦志强律师后，又一起跑了 4 次。但直到笔者在敲本文的时候，仍然没能立案。在委托浦律师之前，她一个人去，要么见不到人，见了可能会受到训讽。有律师一起去，第一次是接收了材料，但没有消息，两个星期后去，答复是已经交领导了，等待答复，第三次去，没人出来说话了，说是相关法官出差了，实在追得急了，就说你直接去找法院领导吧，浦志强就折身去找院领导，哪能找得到啊，第四次，我错过时间没有跟去。

一个律师在这样的过程中会有什么感觉，这段时间，浦志强在他的

微博自我介绍栏写着："我是中国人民的孙子，我也深深热爱着我的祖国和人民。"真是意味深长啊。

三

那以后，方洪便给我和浦律师提供劳教案件。多数无头无尾，只是他们的"劳友"。但每一个故事都足够吸引我。问题是那个时候，很多当事人还怕声张。我对其中一个大学生村官被劳教的故事尤感兴趣。这就是现在大家都知道的任建宇案，后来《南方人物周刊》的报道叫《被劳教的"村官"》。

COVER PEOPLE
封面人物

黔江"光屁股案"始末

COVER PEOPLE
封面人物

浦志强
一点点促进劳教制度废除

任建宇因为"复制、转发、评论的一百多条微博和 QQ 信息"，被处劳教两年，当时正在劳教中。终于有一天，方洪告诉了我任建宇的女友的电话。当我在大热天跑到重庆去，找到任建宇的女友和父亲，他们都还处于恐惧中。正如我想不到很快就可以报道劳教，他们当时也难以想到任建宇会在五个月后提前释放。他们既想公开，又害怕公开。因为暂时不做报道，我就把自己摆在朋友的角度，给他们说了一些建议、鼓励和安慰的话。

这时，我觉得我可以做一个"网络报道"者。我说服任建宇的女友同意我在微博上公开重庆市劳教委关于任建宇的"劳教决定通知书"，同时允许我使用她的侧面和背面的照片。我当时就以自己的身份证住在重庆，那时重庆已经不像几个月前那样了，我没觉得害怕。网络公开后，反响很大。带给任建宇的女友和父亲的，是新的压力。我不断地打电话安慰他们。任

COVER PEOPLE
封面人物

立案大厅

被劳教的"红二代"

任建宇 被劳教的村官

建宇的父亲是一个没有上过学的人，他的焦虑来自非常质朴的直觉。

很快，我就跟浦志强一起了解到几十个类似的案例。其荒唐程度仅凭口头传说很难令人相信，必须看到劳教决定通知书，才敢相信。我跟着浦志强到处跑。有一个"光屁股案"在重庆的黔江区，就是有一个寒冬的夜晚，有人发现交巡警平台旁边拷着一个赤身裸体的男人，有人拍了照片上传QQ空间，这事劳教了三个人。拍照的两年，送拍照的去公安局接受调查的，当时就没能回到家，劳教两年，光屁股男人（据说是酒后砸东西）劳教一年。我们在黔江住最便宜的客店，和劳教释放人士吃烧烤。

四

浦志强律师希望他的工作越公开越好，他需要舆论支持。《财经》来了一个记者，我也成了"助手"，协助《财经》记者采访。《财经》做了一个话题，侧重是劳教作为一种制度的出路。案例就举浦志强援助的案子。但作为话题，这没有可争议性，没有人觉得劳教不该废除，讨论反而遮蔽了它的传播。它这种角度，算是低调而安全吧。也总算是比《南方人物周刊》先接触重庆的劳教案。

湖南"唐慧劳教案"（为女儿受害的刑事案上访的母亲被劳教）被网络热议从而使有关方面迅速撤销了劳教决定的事件，检验了体制对于劳教批评的承受度，似乎比媒体的自律还要宽容一点。全国的媒体都公开报道了唐慧案，抨击劳教的声音一边倒。

这时南方人物周刊觉得可以报道了。当时的决定也突然，最好是趁唐慧案的关注时机越快拿出来越好。时间是有点紧，大约就三四天吧。但对于我来说，已经是好几个月的准备了。我先是想做成特稿的，后来编辑说可以做成专题呢，后来说可以做封面……几经周折，在最后时刻搞成了封面。

我得写一个关于劳教制度的源流，从苏联到中国的各个时期。还得写一个相当于社评的东西，按当时准备做专题的篇幅，劳教人物的故事来不及细写，只能千把字一个，写成了素描，到确实做封面时，也没时间改了。

正在写着写着的时候，又冒出一个故事。这个人是因为在重庆天涯论坛里讨论“黑社会保护伞”时候，评论其中一幅漫画说，“这个伞好怪啊”，被判劳教两年，因为表现好，获减刑 33 天，已经释放归家。他的劳教对家庭和下一代的影响很大，他进劳教所的时候，妻子怀孕五个月，出来的时候，孩子一岁半，中间许多悲情。他就是彭洪。

彭洪小学学历，但他思路清晰，叙述冷静，见解不俗。我决定把他写进去，那时是星期天晚上，他在电话上跟我讲了一小时，讲很顺溜，不枝不蔓，是一个很好的采访对象。我当天晚上整理出来，第二天去他家拍照。这差不多就是截稿时间了。

所以，这一组稿子就是这么凑合出来的。它的影响力来自于它的题材和时机。

就在我赶稿的时候，受到一个鼓舞，值得一提。即人民网给我电话，要约我微博访谈关于劳教故事，哇噻，我马上告诉我们的编辑：我们这一期杂志一定没事。果然，我们杂志报道后，人民网跟进，重庆方面就在那

NEWS 社会 SOCIETY

任建宇 出劳教所记

个星期就撤销对彭洪的劳教决定。

五

后来，任建宇提前释放的那一天，真是一个媒体盛会，好多媒体到劳教所门口去接任建宇。《南方人物周刊》为了有始有终，也需要有一个，就卡在截稿时间，在法院宣判之后，只有两小时，我坐在重庆北城天街的咖啡店赶写了一个《任建宇出劳教所记》。介绍警方、劳教委、劳教所（劳教所和劳教委是两条线，劳教所归司法局管，劳教委是牌子挂在公安局的一个机构）、法院，几方面对如何处置任建宇的纠结。

全球的重要媒体都报道了任建宇的故事。五个月时间，任建宇从一个阶下囚，变成了一个“正面人物”。

这篇多余的稿子写到这里差不多了。我还惦记着一个重庆的网络言论案，还没有报道出来（“微博报道”已经有了）。它被称为“议论红色频道案”。有一位重庆市民，在天涯重庆论坛发帖说重庆卫视“红色频道”不好看，引起共鸣，有一些跟帖。这被重庆市公安局定义为“1·12专案”，2011年1月13日一天抓了30多个人。这一天以后有没有再抓，其中有多少被劳教，多少被判刑，我现在都不知道。如果我再写一次，就写这个。

重庆的事确实耗了我不少精力，但我觉得很高兴，我很佩服浦志强律师。也很感谢他，于公于私，都应该感谢他。

另外，我生怕把这个约稿写成自我表扬。我原来在国有企业工作，有同事出一天差，回来要汇报几个小时，中间克服了什么困难，像小说一样曲折，如果不给点奖励，领导就简直太刻薄了。我对此感觉很可怪。在写这个的时候，我就想起这个感觉。记者这一行，也有一种刻意“把自己做进新闻”或者“做进事件里”的。如果有人这么看我，我会很不好意思的。

还有就是，有人见我写了那么多劳教的文章和帖子，就问我，你觉得劳教制度什么时候废除？或者说，你的报道应该为推动劳教制度的废除做了贡献。我听到这样的说法也很茫然。我真的没有想过劳教制度废除不废除，没有想过去推动什么。我只对一个又一个被劳教人士的命运感兴趣，我想告诉读者，他们遭遇了什么。除此以外，我没有感觉。我是这样的没有激情没有使命感。

（作者系南方人物周刊主笔）

阅人有数
——采访龙应台的故事

□李宗陶

李宗陶

尊敬的龙应台女士：

我是《南方人物周刊》记者李宗陶，在同行前人访过、写过您无数遍之后，可能在不久的将来赴台拜访您。我的挑战是：如何写得更深切一点、更细微一点，让它们配得上您这个人、您这颗心。

如果一年前，我可能会把这封担负采访提纲功能的信写得长一点，好比对着一个同性、同好的前辈慢慢讲话。但考虑到您现在的生活节奏以及每天要面对的诸多事务，有必要提高表达的效率，用尽量少的文字讲明我的方向。

首先，我不想放过这个背景：在您的身后，不仅有马英九先生“以文化立台湾”的志向、他向公众示范的姿态，以及在您履任期间可以想见的坚实支持，还有台湾文化人（李敖先生可能不在此列）的爱护和襄助。想听您讲这部分正进行时的、或者完成时的故事。因为一个批评者能够进入“内阁”成为一个理念的践行者，这背景是一个必要条件，一种弥足珍贵的生态，对于大陆，应能产生意义。

我大概要写一个“官员龙应台”，把正在发生的记录下来，而将那些较远一些的事物，比方我很喜欢的您的第一本书《龙应台评小说》，以及之后种种著作言说、行动经历，垫在底下。

哀公问孔子“为政”，孔子回答说“敬妻”，看似答非所问，实在揭示根本——人伦之始，乃王化之基。我想，作为母亲的那个龙应台，和出现在议会讲坛上的那个龙应台，是相通的。所以，日常的一面，容我多问几句。比如，2月您离港赴台任职，安德烈为什么哭了。

若您应允受访，申请跟随一天：参加会议，会见某人，演讲，或者与某人共进工作午餐，等等（扮演一台带颗头颅的摄像机）。能否在寻常的日程中随意挑选一天，容我先“看”再“访”，尽管这样的截取是不可能穷尽一切的。请理解，我只是在尽一个记者的本分：如果条件允许，不该只听受访者说，还应当看看他的做。如果写成的报道里多用动词，少用形容词，至少海明威先生会比较欣慰。

期待与您会面。

致礼

2012.7.31

提纲，人物采访常常从这里正式开始。传达问题、方法、态度和别的什么，我管它们叫情书。

电脑里，存着不少这样的情书。书信体、提问体，有温婉的，有尖锐的，都还算诚恳，最长数千字。随着年龄的增长和一单单接活，我眼看着它们从紧绷，到自然。

作为一个来料加工者，经年的劳作会给你一种方向感，西北偏北，还是东南之南，大致有点谱。它基于你对人的理解。所以我信：选择做什么人，就决定了怎么做。

龙应台是一个有镜头感的人，争取贴身访问，合适。我很难想象同样的方法用在……阿城身上。好在，媒体盛大，有镜头感的人越来越多了。

一

“第一只小板凳”《思虑中国》出版没多久，一位朋友对我说：有没觉得，你书里那些人，假假的？我一愣，很快明白他的意思：经过媒体仰视和提炼的人物（尤其学术文化大佬），或多或少会失真。

又一天，一位同行跟我抱怨他那奢侈的东家总是千方百计提供跟访企业家或者明星大腕的机会，他说，被跟的人演得累，跟的人也累，总之，无聊得紧。

如果不能在内心里回答这两个问题，我是没法安心做活的。记者面对一个人，看、听、记、想，再全面丰富终是时空一段，不是全部，无

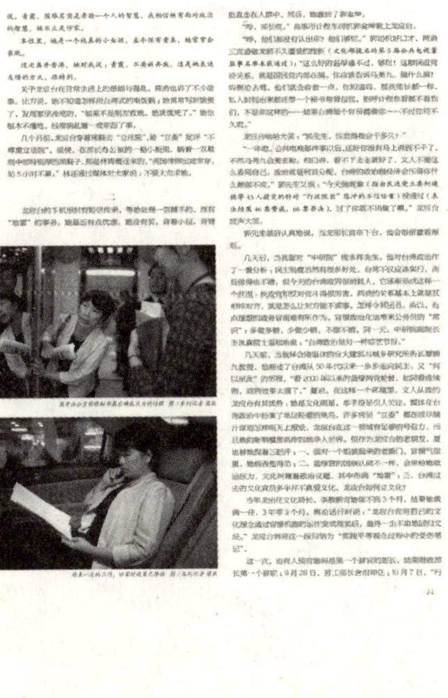

法涵盖主人公的过去现在，做和说，善和恶，表面和内心，故事的阳面阴面以及所有的中间地带。在这个意义上，迄今为止，视线所及，我还没能看到一部“真的”人物报道，包括纪录片，包括那些标榜揭秘、真相的事件陈述。更何况，所有的人和事，都在变动中。即使在相对静止的一段时间里，要真正把握一个人是多么艰难——想想你跟最亲密的人之间那些说不清道不明的场域吧。我们只能描述在时间上相继发生的事，并建立逻辑，那是思维作业的痕迹。没费太多时间我就想明白了：这世间没有纯粹的“真”；纯粹，是哲学家们用来说事的模型。

但不意味着可以无视这两个问题的存在。至少可以从“祛魅”二字下手，对世间万物，不俯不仰，取平视——小学二年级我在少年宫给穆铁柱系过红领巾，他坐下，我爬上一张特制的椅子，便能平视他的眼睛——那感觉不错。我是多么喜欢庄子“齐物”的“齐”字，拿来给儿子报户口用了。祛魅还包括，对所有的知识、理论、意识形态不轻信不谵妄。

有一次看到作家刘恒说：“如果访谈也算文章，理应是最口语化的文章。实际情形却相反，我们读到的这类东西大多数都被过分书面化了。我不知道应该赖谁。以我有限的经验而论，学问不大，可是一谈学问肯定端着，不像谈自己喜欢的吃喝那么随意。有些访问者也端着，发问的时候使劲儿找板眼，落实到纸上劲儿就更大了。”记者笔下的人物看着假，可能也跟“劲儿大”有关。这一两年，我本该琢磨琢磨放松的事，后来跟儿子一起在地上爬爬，多发单音节词语，少啃大部头，自然就松落了些。

我们与之交道的，与其说是人，不如说是历史和命运。然而，再往前走走，回头望，还是看到一个一个的人。我已经习惯于把一个人扔进一个背景里去打量，但这样做是有危险的：平衡得不好，所有的人物最后都会面目模糊、大体相似。所以常提醒自己：别忘了人，啊人。

一篇一万字的人物访谈就像一幢房子，房子要稳，地基须比地上部分打得深。它被赋予地上的形式，但地基部分应该受到控制。祛魅用于观察、理解，控制表现在提问和下笔，祛魅也是一种控制。有一阵子，我沉迷于夯地基而忽视了造门窗和涂抹外墙，多半是小时候营养不良落下的病，自然要经历的阶段，我也就随它去。

二

一个半月后，我和摄影记者梁辰被领进龙应台办公室外的一间小会议室里，被准许旁听。第一感觉：她的镜头感，不是一般的强。不免想起多年前朋友讲过一件小事：在上海，龙拜访王元化先生，身后跟着一队摄像。王先生当然不喜欢这种，下了逐客令，场面一时尴尬。

我们已经拿到了当周的行程表，申请的跟访一天被延展为一周甚至两周。基于同南方报系多年的交道，龙应台对我们的态度是开放多于戒备，但她仍然吃不准我要表达什么。这些会议、活动、访问以小时为单位排布，凡被允许的，我们都去。

第二天，我们混进了立法院议场，正赶上民进党上演“倒阁”。一般台湾民众，只要用身份证换张旁听证即可入场观看朝野议政，当地媒体也有专席供现场发布。只是我们来自大陆，又是记者，有点麻烦。不麻烦，也没有小小的成就感。终于进场，一抬头，望见孙中山画像，眼眶一热，大概想到海峡两边尚有些符号牵连。人到中年，会因历史落泪。

龙应台有一种控制欲，相当于安德烈当面说母亲的 powerful，但她并不霸道，给你自由度。她很有表现欲，是从前的中学班干部那种，有点一本正经，但是正派，还透着清纯之气。几天下来，我在适应并练习如何取舍。

我们天天见面，在圆山饭店，在文创园区，在台北车站，在她的官舍门口……约会时间从早 8 点到晚 10 点不等。在此过程中，梁辰付出了比我更多的体力，她需要背着 20 多斤重的器材从一个点奔向另一个，她的大包里有两个机身、两支镜头，三支灯，还有一台老式胶片机。某个下午，

对话龙应台

民主和爱一样，就在屎尿中

"我们过去都把民主这个东西简化了，认为只要把一个威权政府拔掉，民主的果实就能掉到手上。但其实民主是个不断发展、需要持续演习的过程。以'权'逼人的威权政府拔掉了，有商业财团用钱来垄断；商业财团的问题若解决了，你发现媒体本身的'正义'很有问题；媒体的问题若解决了，你发现公民团体本身非常霸道，民粹主义横行……民主其实就在于实践，实践在于细节，细节使你无所遁逃。我们需要走过这个艰难过程"

本刊记者 李宗陶 发自台北、高雄

用"立"把"破"做出来

33

COVER PEOPLE 封面人物

30

梁辰守在她的办公室门口，每隔大约50分钟被允许进入拍几张，拍到了龙应台跟同仁一起吃便当，拍到她看遗书落泪，拍到她怎样结束一天的工作进了电梯又探身问第二天的行程，拍到她怎样在随护（保镖）和专车的护送下回到住处，消失在那个地处闹市面对工地的大堂里。这些有体温的瞬间，是我们需要的，是版面喜好的，但又似乎太完美了，我总觉得哪里不对头。

直到有天清早去拍她步行上班的照片，我才放下这点疑虑。那天，约定的点儿已过一刻钟，龙应台还没有出现。特警出身的随护已经熟悉我们，上楼看了看，回说，部长临时有些事情，马上就下来。又等了十来分钟，身穿桃红色 Adidas 恤衫、银灰色便裤，脚蹬球鞋，耳朵里塞着 iPod 的龙应台一阵风样来了。她抱歉地说：昨晚批公文迟了，错过了闹钟。我一下子在心里笑起来，配角的遮掩、主人公的实诚和眼前欲示人以美的造型都很可爱，包括关照前来接她上班的司机拐到仁爱路某个街角等着，而她背着双肩背英姿飒爽走在街道上的样子——不论文化明星还是官员，她原是跟我们一样的人啊。走到某个居民区，她指指说，这里有几条巷子感觉很好的——静，没人，每家门前有个小花坛，有点像上海石库门弄堂的清晨。我想，平日里，她一定是走过的。这是表演吗？是。这是真实吗？也是。这是人物性情的一部分吗？当然。作为记者，你指望真实以什么样的方式向你展开？于是，我很愉快地跟主人公交流起 iPod 里的货色，她说，我喜欢有人声的歌唱。

外围采访总共9位，其中5位是龙应

台的朋友，2位是她的“敌人”，2位是中研院学者，我赴台采访的另两位对象高金素梅和李敖，见面时顺带聊了聊，用在我深感兴趣的那个背景里。

林青霞是龙应台的闺蜜，二人有约：不介绍记者给对方添麻烦，这样朋友才做得长久。我于是给林的秘书写邮件，约访。几天后的傍晚，手机里响起林成熟又略带娇媚的女音。她表达了这样的意思：之所以接受访问，是因为写她的那篇大青衣她很喜欢。后来知道，她事先跟龙应台通过气，龙说，这家（媒体），你可以。如她在《窗外》中言，她是资深夜猫子，采访时间约在半夜。我把纸笔备在床头，先打个瞌睡。凌晨1点半，电话铃响，我赶紧抓起来，望一眼已经睡着的梁辰。

林青霞与龙应台，是那种无话不谈的女朋友，她讲得那么生动、具体、女人，我的瞌睡醒了。记得她描绘的一幕：在香港，两个女人去“行（Hang）山”，带一支红酒，2只酒杯，一些Cheese、Salami和牛肉片。爬到高处，坐下来，喝一点。小孩子和狗过来了，给点小食他们。林青霞说，快乐不需要奢侈，不需要做特别的事。我在脑子里飞快搜索，60岁可与之行山的女友，心里微波荡漾。我觉得林龙交好是因为她们有相通的部分：朴素、清纯，哪怕做了祖母身上还有一种女生气。是夜聊到3点，我抱着枕头记得飞快，梁辰翻了几个身。

叶博文先生是在龙应台当台北市文化局长时与之交恶的。他在电话里是俱往矣的口吻，因为正要出游，便把当年义愤之作《龙应台·马英九·二二八》快递一册给我，是外围之一罗世宏先生告诉我这本书的存在。我读了，觉得在这个岛上，真是有一些不喜欢她的人，多半是她的性情和文人作派使然。我该怎样表现，表现到什么度？

段宜康的联络方式是向龙的下属打听来的。当我表示有意采访反对者，这位新闻官说，可以啊。这令我意外。令我意外的还有，龙的那些朋友们并非只说她的好话，有些批评是从朋友那里来的。民主在政客手里是一回事，在民间却表现得令人鼓舞。什么时候，我们也能大大方方、心平气和讲出自己的想法呢？什么时候，我们也能不靠拉帮结派、顺势站队而得到友谊呢？我相信这些，都是民主成为习惯之后才能结出的好果子。

三

跟龙应台回乡，是意外，也是必然出现的可能性。她工作着、生活者，因为我们的闯入，稍显不同，但两条线在靠近的趋势不会变，你不知道下一个交会点会在哪里冒出来。

一周后，同大院的老大哥们也到台北，计划中的一项是拜会龙应台，原定的专访被临时调整为双人访。正有些为难，听说周末她要回屏东老家看母亲，我们就向秘书建议，不如在高铁上做专访吧，一来一回，比原定一小时的问答还宽裕些。龙应台一听，欣然应允。采访的魔力就在这里，它是人跟人在接触，是形象、声音、气息、态度，甚至心灵的交互，本身也是行进中的故事。

我记得问到第二个或第三个问题时，龙应台有了郑重的表情，她回答每一个问题，都表现出一个思考过程。我们在做一种快速的、即刻的思维互动，我们平视对方的眼睛。“十一”长假里，我尚在一地鸡毛中作业，龙最得力的前秘书来信说：部长说你做足了功课，她非常期待看到文章。老实说，功课是做不完的，但不做到一定程度，不敢出门。

访谈中最令我心动的，是龙应台对权力的认知：如果我是一个艺术评论家，写一百篇文章呼吁台湾成立一个艺术银行以开拓年轻艺术家的国际市场，可能无人理睬。身为部长，只要批一个“可”字，艺术银行就成真的了。后来，我忍不住建议编辑用它做抽文，替换掉那些龙表白艰难坚守的语句。

它可以引出许多命题：权利的诱惑，致用的急和缓、近和远，还有龙这代人的底色。出发前我跟一位师长聊过天，他说，龙这辈台湾知识人都是喝洋奶长大的。看他们认领的价值和多年追求，确实如此。然而，在两轮出仕里，我分明看见她身体里那层儒家的底色，那种“宗庙之事，如会同。端章甫，愿为小相焉”的舍我其谁的劲儿。这是从父辈来的，从传统中来的，甩都甩不掉，可以解释她目前所有的挣扎。

录音笔里还留着高雄计程车司机郭金坤的声音，我现在听听仍觉得有意思。当他刚叫出一声“部长哎”，我就在找录音笔，生怕错过那种台南腔调、民间生猛。

一天后，我们跟龙应台的大哥、弟弟、弟媳坐在一起聊天，如果说大观园里容易出贾宝玉，那么跟三兄弟一起长大就容易长成龙应台。她对着哥哥吩咐一件小事的样子还在我眼前。我们看着他们跟母亲在一起说笑，梁辰捕捉到龙应台靠着母亲闭眼稍息的瞬间，那只双肩背就在旁边，十分钟后，要回台北。梁辰非常喜欢这张照片，它在诉说某种脆弱，几经争取还是没用在版面上，因为龙在邮件中说的“私人空间”说服了我们。我记得弟媳同她告别时轻声说：加油。

四

故事走到这里，多半应该抒写一位个性鲜明、至今水土不服、仍在鞠躬尽瘁的文人官员，这也是我能强烈感受到的主人公的意图。但它不能满足我。

2012 年，发生了许多戏剧性不输《哈姆雷特》、《麦克白》的真实事件。事件的一幕发生在此岸知识分子中间，他们大规模地拥抱一座地处西南的城市和它所代表的思潮，在剧情高潮处，人们已无法辨识信仰还是投机，理性还是狂热。阿隆在《知识分子的鸦片》中曾经展示过作为一个阶层的知识分子遇到重大政治问题之际，是何其无能与天真。事情假装过去了。翻翻历史，无论哪种思潮，无论左右，情形何其相似。我无意过度开掘，但至少应该试着探一探：民主在台湾，究竟是什么。即使我能借报道一角暗示它在民间和政治结构里的不同意义，仍然回答不了这个百年命题：它在我们这里，会有戏吗?

这是我想种在文章最底下的东西。上面铺一层，是龙应台在角色转变中的挣扎——当知识分子遇到政治。再铺一层，是她的音容笑貌、举止性情，为人师友或母亲，一个活泼泼的女人。

我记得交稿给对方“看一下”——这是一个好习惯，不代表你不能独立写作；假如你立得住，会得到相应的尊重和有益的指点——之后，收到多方回复，其中龙应台越过秘书的第一时间回信是：

关于描述篇——从多如牛毛的资讯、观察、细节中，你可以“炼”出这篇描述稿，真是难得的功力。我几乎一字不改。除了最后一句，是考虑台北的现实状况而修。因为你的文字好，归纳功夫高，我省事了，真高兴（青霞竟然说得那么一针见血，她的智慧是天生的）……

关于问答篇——“地雷”太多，所以做了比较大幅的修改……

我当然觉得原先的回答更直截一些，有些段落，我又放回去了，在掂量过对主人公的影响之后。

时隔半月，报道终于刊出。龙应台又来一信：

能刊出，真不容易。被你们的用心感动……

我想了想，转发给领导。真正如履薄冰的，是他们。

（作者系南方人物周刊主笔）

情义何价　气节何用

□罗洁琪

罗洁琪

“突然之间，曾经的世界观和法治理念都坍塌了！”在重庆采访时，一名参与过打黑专案组的警察这样对我说。

采访了各类人物之后，我也迷茫了。

龚刚模出卖律师而保命，樊奇杭有情有义却变成了一抔黄土。如果我是其中一个，会做出何种选择？

一

仍然记得两年前的一个夜晚。在北京，出租车里，我收到一个短信，关于朱明勇律师公开樊奇杭被刑讯逼供的视频。顿时，潸然泪下。

那时候，山城红歌唱翻天，仍是王立军和薄熙来的地盘。

事后，才知道朱明勇在公开视频之前，给孩子留了遗书。这样的一个律师，赢得我的尊敬。

甚至，龚刚模专案组的一个警察都对我说，如果不是在“打黑”这个畸形的环境，朱明勇和樊奇杭，都是他愿意结交的朋友，他们是“好律师和真男人”。

可是，这有什么用呢？

去重庆采访前，我约樊奇杭的姐姐面谈，想了解樊家是否也在申诉鸣

法治 Law

李庄案另一面

最高检察院和重庆市一中院相继为申诉案约见李庄；对于李庄案，龚刚模和龚刚华兄弟讲述了不为人知的另一面

铁山坪是重庆打黑运动中的标志性地点。重要案件里面的主要人物都在那里接受讯问

冤，想知道她们的现状。

那个姐姐婉拒了，说“人都走了，不想再提了。谢谢关心”。

几番请求之后，我没有坚持。无论她弟弟是否真的命案罪人，让她回忆惨无人道的刑讯逼供，都是心如刀割。

到达重庆的当天，立刻奔往龚刚模的家里。龚刚模的哥哥龚刚华和儿子龚伟奇在等着我。

二

那是一个空空荡荡的旧别墅，昔日豪华的家具，已然肮脏和陈旧。

龚刚华指着我们坐的沙发说，龚刚模妻子程琪，病重的时候就经常躺在这。就是那样的一个病人，被打黑专案组用来逼迫龚刚模“检举”律师李庄。

死前几天，她对龚刚华说：“三哥，兄弟的事情就靠你了。”

弥留之际，十几个警察押着龚刚模进入病房。她气若游丝，一句话说不出来，只是流泪。

半个小时后，龚刚模被押走。在门口，他回头对哥哥说：“她的后事，给她办好。”

2012年，王立军和薄熙来相继案发。龚刚华进京找李庄，积极为弟弟申诉。

11月23日，在李庄家旁边的餐馆，李庄和龚家来客一起吃饭，在座的有我，和其他媒体。

龚刚华说，重庆打黑是株连九族的抓捕，他扛不住了，只能对不起李庄。

席间，他说，王立军才判15年，如果他回来，李庄会不会再次被抓？龚家会不会再次难逃厄运？

李庄说，他不怕，哪怕王立军的统治阴魂归来。

龚刚华说，他害怕，如果兄弟被刑讯逼供，弟妹病重，儿子被抓，他仍然会作出同样的选择——出卖律师。

在座的王誓华律师说："如果从价值的阶梯来说，李庄你只是丢了自由，可是龚刚模却因此保住了生命，这也值得了。"

法治 Law

为震慑辩护律师
重庆设定的目标
除了李庄
还有樊奇杭的
辩护律师朱明勇

三

也曾想象，假如突然有警察闯入我家门，说我涉黑，蒙上黑头套，秘密运到打黑基地"，铐在"老虎凳"，不能睡觉，不能吃饭；脱光吊在窗上，冬天吹空调，夏天喂蚊子，头顶放一杯开水，做"滴水观音"。

他们让我出卖恩人，如果反抗，就拳打脚踢，或者用发臭的黑头套勒脖子，让我艰于呼吸。

生活没有假设，只有亲历，才知道会如何选择。

可以告诉各位看官的是：龚刚模的儿子，中止了留学，和女友主动分手。如今，在一油漆厂当工人（油漆厂是龚刚模以前的，后来拍卖，被龚

龚刚模和李庄
如今能够
活着鸣冤
樊奇杭则已经
无法张口说话

刚模的朋友买了)；龚刚华曾经身家逾千万，现在和堂弟一起回老家开设养殖场养猪养鸡；龚刚模在狱中，等待申诉结果。在他们有生之年，也许“守得云开见月明”。

离开重庆前一夜，我在宾馆写稿，可是心乱如麻。那是我第一次离开我的宝贝女儿，已经第四天了。

我打电话对编辑说，想坐最后一个航班回京，不想在重庆写文章了。但是，被拒绝。

上半夜，我一直觉得心慌气闷，疯狂地想，“没有航班了，是否有长途汽车回北京？”

做记者这么多年，第一次庆幸，可以熬夜写稿。因为，思念肯定让我失眠。可是，初稿没写好，写得比我的心都乱。

回京后，进入家门。女儿嘴里含着饼干，忽然看到我，一愣，转而笑得手舞足蹈，最后，躺在我怀里哭得无比委屈。

那一瞬间，我脑里闪现，“情义何价，气节何用”？

（作者系新世纪周刊记者）

重塑现代政治话语体系

——《选择，凝聚在信仰的旗帜下》任仲平写作体会

□卢新宁

卢新宁，1991 年毕业于北京大学，获文学法学硕士学位，同年至人民日报工作，现为人民日报评论部主任。2010 年打造人民日报新评论品牌“本报评论部文章”，推出《倾听沉没的声音》等系列评论。同时主持撰写《灾难中挺立伟大的中国》、《三十年不变的时代呼声》等 25 篇“任仲平”文章。撰写论文《从政治宣传到政治传播》，被列入国家社科基金项目。

人民日报社“任仲平”文章《选择，凝聚在信仰的旗帜下》（2011 年 6 月 27 日）（以下简称《选择》），获得第二十二届中国新闻奖特别奖。这是任仲平 1993 年亮相以来，第十二次获得中国新闻奖。

一个品牌，要在这么长的时间中保持高水准，确实不容易。领导的认可、同行的鞭策、读者的喜爱，是任仲平不断前进的动力。10 月 26 日举行的中国新闻奖报告会上，刘云山同志要求新闻工作者增强四个意识：社会责任意识、服务大众意识、改革创新意识、现代传播意识。回望任仲平的成长足迹，近 20 年的写作跨度，是一个品牌逐渐创立和打响的过程，也是一个始终需要以这“四大意识”从旧我之中突破突围的过程。比起其他新闻政论品牌，任仲平更悠长的传统和更深厚积淀，这是我们的优势，却也极可能因此陷入固定模式、落入陈旧窠臼、成为“任八股”，这是我们的挑战。

令人庆幸的是，正是这种挑战，让我们始终抱有危机意识，始终保持对“旧事物”的警觉，因此始终不敢远离时代发展的潮流。从一定意义上讲，任仲平的写作过程，就是一个在人民日报编委会的指导下，不断尝试突破自我超越自我的过程。一个努力实现从政治宣传到政治传播的转型，力求重塑现代政治话语体系的探索过程。

记得两年前，也是在中国新闻奖交流会上，我们曾提出要实现从政治

宣传到政治传播的转变。今天看来，随着全球化信息化民主化浪潮相互叠加的新时代的到来，随着我们党更为亲民务实的新政治观的形成，随着政党文风会风作风的深刻转变，对于主流媒体而言，一个日益峻切的课题是，必须加快新闻生产方式的转变，重构现代政治话语体系。

回望中国近代以来的思想发展史，可以看到三次重要的话语体系结构性转型。鸦片战争后，在西方坚船利炮入侵的民族危亡压力下，山河破碎的旧中国启动了从传统理论到近代理论的蜕变，完成了中国政治话语体系的第一次重要结构性转型。随着马克思主义传入中国，先行者们观察世界、探讨问题的立场、观点为之一新，在从近代理论到现代理论的演进中，实现了中国政治话语体系的第二次重要结构性转型。在全球化、多元化、信息化等趋势日益鲜明的当代，在中国道路、中国经验和中国特色社会主义事业日益吸引世界目光的今天，我们正面临着当代中国政治话语体系的第三次重要结构性转型。

在这种转型中，主流媒体作为我们党治国理政的重要资源和重要手段，显然肩负着义不容辞的责任。这样的责任，放在我们党文宣事业的历史语境中，是对传统的继承，是对我们党红色资源的开掘；放在当前日益开放的舆论环境中，是对挑战的突围，是对主流话语权的捍卫。而要实现这种突围和捍卫，必须从创新表达体系、完善知识体系、转变思想体系三个方面，重构现代政治话语体系。

一、创新表达体系——突破刻板语态

语言本来是活的，但在主流媒体上，文风却呈现“收敛”状态：丰富的、生动的、贴近的语言不断减少，取而代之的是单调的、僵化的、疏离的语态。正如有人所总结的“五多”：常说的老话多、正确的废话多、漂

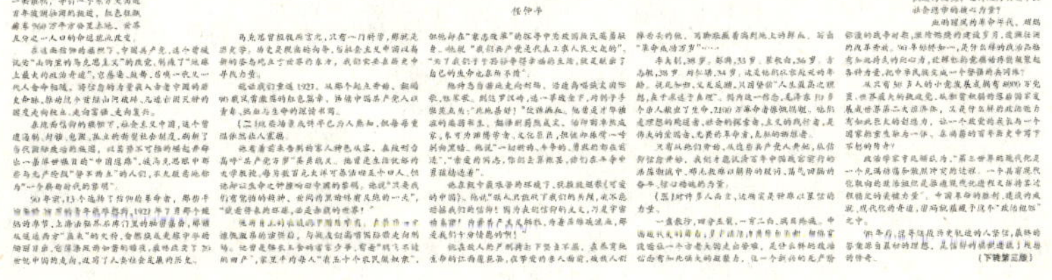
选择，凝聚在信仰的旗帜下

——写在中国共产党成立90周年（上）

（下转第三版）

亮的空话多、严谨的套话多、违心的假话多。再比如流传广泛的段子："会议没有不隆重的，闭幕没有不胜利的；讲话没有不重要的，鼓掌没有不热烈的；领导没有不重视的，看望没有不亲切的……" 虽有些恶搞，但也反映出我们宣传修辞的单调、死板，因此与受众的交流产生隔膜。背后的原因，既是我们在严谨性、正确性上的矫枉过正，也有自我设限、自我僵化、自我隔离的心理惰性。

评论的目的，是实现主体或与主体的对话，在意见的交换中寻求共识。意义不会在一厢情愿的单向呈现和另一方的被动接受中产生。意义的产生依赖于主体之间的认同，"政治修辞的涵义必须与大众的常识相符"。在变化的舆论环境之中，刻板语态亟需突破，表达体系亟待更新。

实际上，我们有着丰富的"语料库"。我们党长期以来文宣工作中形成的表达传统，我们的时代在不断变化中积累起来的表达方式，都可以为我所用，成为突破刻板语态的抓手。

——重拾生动的表达传统。

外交家吴建民曾说，我们现在的文风可能已经走进了死胡同，我们党起家的时候多善于宣传，我们党写的东西你看了要掉脑袋，掉脑袋也要看，代表了对血性青年的感召力。我们党很善于把我们的思想和老百姓进行沟通，这是我们党很好的传统。

的确，宣传一直是我们党的看家本领。恽代英办《中国青年》，韬奋办《生活》周刊，周恩来指导《新华日报》，能够鼓动和团结青年、市民、民主党派和民主人士，跟着共产党走。在宣传手段的丰富性、所用语言的生动性上，可能没有哪个政治团体能出其右。根据粗略统计，从 1921 年到 1949 年，我们党使用过的宣传方式多达 60 种以上，常见的印传单、小册子，张贴标语、布告，召开演讲会、报告会等等，都离不开语言。

对于这点，新闻宣传战线的前辈都高度关注。邓中夏专门嘱咐宣传员不要用"共产革命"这样的抽象口号，而只能用"限租"、"推翻贪官劣绅"、"打到军阀"、"抵制洋货"这样群众能懂的语言。刘少奇在《论口号的转变》一文中说，口号如果"不切合群众的要求和心理，叫得久而至于厌烦，引不起注意，都不适合作为群众行动口号"。1923 年，28 岁的恽代英主编《中国青年》杂志，在《怎样做一个宣传家》中总结，"若不用群众熟悉的语言和例语来解释，便不能声入心道，不能使他们听后全身爽快，丝毫不怀疑地相信你。"他强调，说话要"打中农民心坎"，使农民"声入心通"。

然而，今天我们的一些宣传和表达，却忘记了这一点，还是兀自踱着方步、穿着正装。正如吴建民所说，"可是今天有些讲话，听了上句就知道下句，都对，但是这没有任何的吸引力，没有新意。”

——适应新的语言环境。

人民日报评论部在十八大前推出一组系列评论“感受中国前行的力量”，其中《“回应”：互动中筑牢信任基石》一文，因在开头写道：“元芳，你怎么看？”电视剧《神探狄仁杰》中主人公的这句追问近来走红网络，成为公众表达诉求和质疑的经典句式。(11月5日《人民日报》)，而受到舆论的广泛关注和网络的热烈议论。认为这是“主流媒体和网络热词的又一次亲密接触。这既是主流媒体放下身段的亲民姿态，也是对网络舆情的响应和反馈。其政治意义必将超越‘娱乐精神’”。

说实话，这种良性反应，超出了我们的想象。近年来，我们见识过了太多来自民间、来自网络的新词汇、新用法。从“晒”到“打酱油”、“躲猫猫”再到刚刚流行起来的“元芳”、“十动然拒”，隔一段时间就会有流行新词沉淀入词汇库。网络论坛上，一些在传统话语系统中并无深意的词语，经过网民加工，变成了独特的评论性语言，而且极具反讽色彩。不超过140字的微博，更是“将平民和莎士比亚拉到了同一水平线上”，形成了一种全新的独特文体，微博内容还往往在评论或转帖中被补充、改良或者颠覆。

显然，从媒体、网络近年来使用频率越来越高的一些新的词语、概念、新闻报道选题和讨论议题来分析，一个新的语言环境正在中国媒体上形成，

4 2012年11月5日 星期一 要闻 人民日报

“敢为天下先”的蛇口工业区，又在科学发展、转型升级中再谱创新

擦亮“改革之窗”

深化走转改 喜迎十八大

红色地标看变化

“回应”：互动中筑牢信任的基石

——感受中国前行的力量之三

中国共产党中央军事委员会副主席范长龙简历

中国共产党中央军事委员会副主席许其亮简历

北京基本建成保障房7.6万套

让中低收入家庭有房住

“祝祖国明天更加美好”

——各界群众参观“科学发展 成就辉煌”图片展侧记

以实际行动迎接党的十八大

而这个语言环境带来的是一个新的媒体环境。"政治家最基本的任务之一，就是对流行用语，或至少对再没有人感兴趣、民众已经不能容忍其旧名称的事物保持警觉"，人民日报政论如果满足于重复过往的经验，重复文件的内容，重复"标准规范"的表达，哪怕立场再正确，内容再无懈可击，也很容易在日新月异、丰富生动的新事物、新表达方式面前显得陈旧空洞、枯燥苍白，因此也就很难达到舆论引导的作用和效果。

毫无疑问，我们这个时代所显现出的包容性，为处于非主流地位的媒介提供了广阔的生长空间，为多元化的价值取向和各种观点的自由表达提供了前所未有的舞台。它们的出现，对长期占据新闻媒介主流地位的党报政论形成了冲击和挑战。这是不容回避的事实。重塑政治话语体系，首先要使之更加符合时代要求，更加契合受众心理，更加具备传播力，突破刻板语态、改造僵化文风。

要说服人，首先要能打动自己。如果只是颐指气使的"要"、高高在上的"应该"，实际上是一种"懒政"。连自己都不愿看得东西，如何能让读者看得下去?

近年来，我们评论部一再强调，写评论要有诚恳的态度，要既善于重拾好的表达传统，又能够整合新的语言方式，用更贴近、更鲜活的方式讲话。

当然，突破刻板语态，并不在于是否"网络化"，也不在于是否文采斐然，关键是要"在场"，在社会生活的现场，在舆论讨论的现场。如果空洞无物、无的放矢，即使说得天花乱坠，写得雄辩滔滔，都是白讲。没有直面现实的勇气，不去契合群众的关切，不会有引人注目的新闻议题，不会有入耳入心的传播效果。不仅仅是在任仲平中，在我们的时评中、论坛中，都有体现。比如钓鱼执法、乌坎事件、启东事件等热点事件，并没有采用网言网语，不一定愤激，也不一定幽默，但从读者和网上的反响看，评价很正面，对于推动问题的解决发挥了党报评论应有的作用。

二、完善知识体系——突破生硬说教

我们这个时代，不再是"知识垄断"的时代，公众可以通过各种渠道了解不同的思想、观点，掌握不同的知识、信息。如果说，在打开国门之前甚至开放之初，主流媒体还在某种程度上拥有"知识优势"，那么，在信息时代，这样的优势已经没有甚至成为劣势了。这样的信息爆炸、知识爆炸、观点爆炸，给主流媒体评论工作者的挑战是：要改变单一的泛政治、泛道德的生硬宣传，就需要不断吸收新的知识，形成符合现代政治话语体系的知识体系。

“魔弹”的传播时代早就无法重现，当前的传播已经是一种多对多的自主传播。在这样的传播形态下，传播的效力并不来自权力，而是通过与其它传播媒介的自由竞争来实现影响力。在多元化舆论格局中，面对受众日益开阔的视野和不断提高的文化素质，民主革命时期和计划体制时代那种突出宣传、突出教育、突出思想绝对一致性的单向传播方式，需要有所调整。党报政论理应摒除单一泛政治、泛道德化的生硬宣传，转向更令人信服地说服人、更充满真诚地感染人、更具实效地影响人。这种转变，必须有完善的知识体系作为支撑。

评论是用来说服人的。“摆事实、讲道理”，是说服人的关键。也就是说，在评论中，不仅要有论点，更需要有论据；不仅要有结论，更需要有论证。而这也正是检验一个评论工作者知识水平的地方。

——丰富我们的增量储备。

任仲平处理的，都是重大题材。改革开放 30 周年，新中国成立 60 周年，建党 90 周年，要“论”起来，都是一个系统工程，决不能单线讲成就，沦为枯燥乏味的“成绩单”。

比如，《选择》一文，在论证党的领导是中国现代化历程的关键时，亨廷顿关于现代政治的论证，为我们打开了理论思路，提供了普遍经验；关于信仰的哲学分析，从个人、民族、国家三个维度，提供了认识视角；而其中历史、社会学、发展经济学、逻辑学、心理学等多种知识内容，都赋予了文章更强大的说服力。历史学提供了观察坐标，让党的 60 年有了中国百年现代化梦想、世界三百年现代化历程两个维度。

充分利用这些知识，让关于伟大实践和辉煌成就的论述，避免了疾风暴雨的生硬说教和不容置辩的高调论述，有了说服力和感染力。新闻实践证明，丰富的知识储备，可以让评论者对各种有利于传播的方法运用自如，最终寓宣传的目标于有效传播之中，寓思想教育于潜移默化的影响之中，寓社会主义理想于群众喜闻乐见的价值观表述之中。

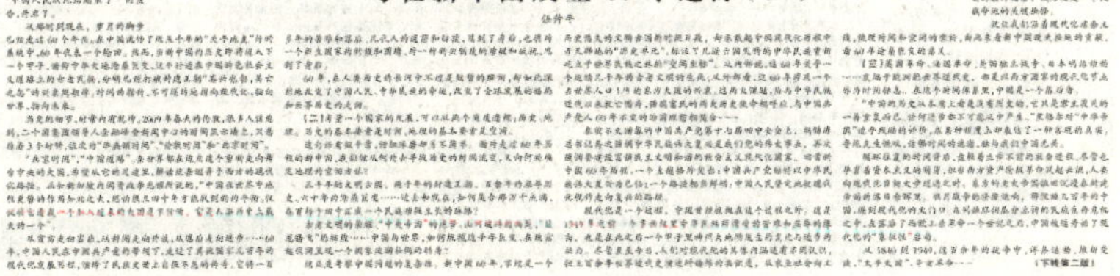
改变历史的“北京时间”

——写在新中国成立 60 年之际（上）

任仲平

（下转第二版）

——盘活我们的存量资源。

莫言诺贝尔文学奖获奖理由是：融合民间传说、历史和现实的幻想现实主义。可见，历史传统、现代文明、社会现实构成了莫言世界性影响的核心竞争力。我们理解，党报评论打造新型评论话语体系与之异曲同工，在知识谱系上，必须承续红色政党文化传统、接纳现代政治文明价值、考量当前社会民众诉求。如此，才能凝聚党心民心，形成社会共识。

《选择》就在一定程度呈现了我们的尝试。对李大钊、彭湃、瞿秋白、方志敏、刘仁堪等先驱者事迹进行陌生化表达，用情感力量、精神信仰激荡读者心灵；引述专家观点论证国家现代化对领导力量的需求，从世界视野审视中国现代化进程；反复强调“人民利益”、极写共产党人的人民情怀，从人民感受中再现党的政治本色与奋斗历程。从“最初的理想”追寻“最终的答案”，以“信仰的旗帜”造就“理想的传奇”，《选择》的写作实践让我们认识到，构建现代政治话语体系，要善于从我们党红色文化传统中寻找底气，从现代文明谱系中吸纳营养，从广大人民群众诉求中把握方向。

事实证明，红色资源只要发掘得当，能够赢得草根百姓的共鸣，形成正面宣传的强大气场。这种红色传统，有的是人们记忆储备中所陌生的，有的是被一些人刻意漠视和掩埋的，有的是在僵化陈旧的讲述中被湮没的，比如李大钊、彭湃等人的故事，看似耳熟能详，却隐藏着极富穿透力的思想素材，一旦以符合受众感受的方式重新发掘，就会有直指人心的力量。而这，其实是自延安整风以来主流媒体的看家本领，是最值我们关注发掘的思想富矿。

14　　观　点

倾听那些“沉没的声音”

关注社会心态　5

三、转变思想体系——突破自我设限

评论工作是新闻方阵中政治性最强的，对主流媒体评论而言，政治大局意识是第一要求。但讲政治，不代表自我封闭、自我设限、自我僵化，不代表只能用中央文件、领导讲话结构文章，不代表只能深陷意识形态泥沼。那些我们认为“不敢说”、“不能说”的，换个方式、换个角度，说不定就成为支持我们观点的论据，关键在于你如何设定角度。而那些我们认为“不用说”、“不需说”的，可能正是我们需要面对、需要重视的竞争对手。如果对竞争者一无所知，我们又怎么能赢得读者?

——正面报道也要抱有“问题意识”。

“不避矛盾、敢谈问题”，是很多读者对任仲平文章的评价。虽然任仲平文章大多是针对重大政策、重要活动的评论，但文中并不回避不同观点。在建党 90 周年任仲平写作的开始阶段，我们也遇到了同样的问题：党在 90 年艰难探索中走过的弯路、绕过的远路，在文章中该怎么处理？经过讨论，一致的结论是，不能不谈。

我们不能因为曾经有过错误就讳言莫深，不能以为写成就报道就要回避问题。实际上，无论是新

14 观点 人民日报

以包容心对待“异质思维”

关注社会心态

“减量不加价”

“落实”如何才能落到实处

抓落实是基层干部的第一能力

提升执行力是一个系统工程

“背影道歉”何以让人纠结

道歉本可行 奈何不真诚

警惕掉入道德陷阱

中国成立60周年还是建党90周年，这样的时间节点，本身就有总结历史、发现规律、展望未来的意义，作为主流媒体，必须突破既有观念的框框，不能过去怎么说就怎么说、别人怎么说就怎么说。

关键是要冲破自我设限，敢于面对问题，勇于触及矛盾。在任仲平建党90年文章下篇中，我们分析了党在民主革命时期的两次失败、新中国成立后的两大失误，总结出“实事求是”是我们党内在的抗体，是我们党可以不断发展壮大的内在力量。

这实际上是把材料进行转化，从不同的角度审视历史，既回击了相关质疑，也增强了文章的说服力度。

——引导舆论必须加入“思想竞争”。

实际上，不仅是突破“不能说”的禁锢，更重要的是，要引导舆论，在多元中立主导、多样中谋共识，在同群众交流互动中形成社会共识，就不能不正视不同的声音、不同的观点。当前，社会的多元化、多样化，已经是不可逆的潮流。从一种声音到百花齐放，从千人一面到丰富多元，反映出思想的极大解放，也体现着中国的前进方位。

在这样的多元、多样、多变中，对于主流媒体，要完成引导任务、坚守主流价值，更需了解不同观点、思想，突破自我设限。“反对不是敌对，有异才需求同。”我们常说，真理越辩越明，思想观念已经成为一个“市场”，其价值在竞争中才会彰显、在实践中才能检验。鲁迅先生说过，辱骂和恐吓绝不是战斗。面对多元的思想市场，主流媒体需要更多呈现真实可信而不是沿着自己的价值观剪裁的舆情，更多包容多元多样而不是根据自己的好恶过滤声音，更充分地呈现五千年文明的文化气度与中国特色社会主义的文化自信。

去年，我们在一篇引起广泛反响的“评论部文章”《以包容性对待“异质思维”》中，就说到，

“我不同意你的看法，但我誓死捍卫你说话的权利”，这是一种胸怀，更是一种自信。那种扣帽子、抓辫子的辩论方式，“不同即敌对”的思维模式，本质上都是狭隘虚弱的表现，无助于社会和谐的构建、健康心态的形成。

“同意”可以被制造。“制造同意”早在1922年就已成为政治家把社会心理学和无垠的大众传媒空间结合在一起的一门“自觉的艺术”。在某种程度上，主流媒体也应该在不同的话语体系中“制造同意”，换句话是“促成共识”。而要达成共识，需要倾听别人的声音、还原真实的舆论构成，只有加入观点、思想的竞争，有的放矢、剥茧抽丝，才能避免自说自话、自娱自乐，才能如中央领导所要求的那样，做好“统一思想、凝聚共识”

的工作。

创新表达体系，完善知识体系，转变思想体系，以这三个体系为支撑点，能够推动我们从政治宣传到政治传播的转变，重构我们的现代政治话语体系。它让我们有信心得出这样的结论：党报政论不仅应当获得宣传管理部门的肯定，也应当在民间舆论场中得到广泛认同，在都市媒体和网络空间中得到广泛传播。只有这样，打牢全党全国各族人民团结奋斗的共同思想基础，为推进党和国家事业发展凝聚强大精神力量，营造健康向上、丰富生动的主流舆论——它的目标才算真正实现。

驾长车踏破全媒体漫漫转型路

□支庭荣

支庭荣

裹着传说中的末日审判的外衣，走马灯般迎新送旧的2012年，在背负不绝如缕的欧债危机和美国财政悬崖只见一线天的沉重中缓缓流淌，就如一位灵光显现的智者对“子在川上曰”的解读：只要你有足够的耐心，就会看见傲雪的残肢从你眼前的河里飘过。

如果人们要问：白昼的光，如何能够了解夜晚黑暗的深度呢？这时我们必定要想起尼采的另一句名言：我是太阳！

偶像的黄昏

12月3日，据报道默多克媒体帝国公布了分拆计划，将由新闻集团和福克斯集团分别持有其报刊出版和影视两大类资产。这不仅仅牵连到帝国内部的家族争斗，而且是对英国窃听丑闻所带来的伤害的一种切割，以免报刊业中的“负”资产连累到帝国的其他子系统的增值或变现。

从《世界新闻报》记者对政界、警界和情报界的收买与窃听行为，到BBC轻率武断的报道和已故主持人犯下的种种不堪，曾铁蹄踏遍全球一百多个国家，曾标榜客观公正专业权威的大英帝国的媒体机器，渐渐地露出了末世的光景来。BBC的乔治·恩特威斯尔在总裁的位置上不到两个月，席不暇暖，就无奈下台。一个彷徨的背影，正默默诉说着偶像的萧瑟黄昏。

虽然我们不能因此而为假新闻塞责，为新闻广告化辩解，为少数记者的予取予求而五十步笑百步，但是这一幕莎剧中难得一见的情节，终究也能让世人明了，所谓的帝国，在某一个棱镜之下，可能不过是另一版本的贾府，只有青狮碧玉才来自洁白无尘的太虚境中，或青埂峰上。它也说明，客观报道和新闻专业主义，惟有被认同，被秉持，被力行，被编辑记者们前赴后继地用于服务当下的公众的利益，而不是高举高打的口号，这才能成为具有实在意义的普遍真理。

最近公布的英国媒体窃听丑闻报告，仅仅给藏在暗处的秘密行为贴上不道德的“次文化”的标签，甚至没有点名批评某一家媒体，自然体现了反复的权衡和惺惺相惜意。可见英美的媒体权力，仍然掌握在与白金汉宫有着千丝万缕的关联的豪门手中，而无法动摇，即便在新闻业的前景，被美国皮尤研究中心描述得黯淡无比之时，也是如此。

不妨假设，当革命者假自由的名义而颠覆世袭的权力时，即使过滥的罪恶也可能被宽恕；当道德优越论者假新闻自由的名义而指责改良主义的施政时，即使洋溢的善意也总是有待于证明。普世价值这一类豪奢绚丽的软实力本身，不过是硬实力的外化，并没有独立存在的理由，并不必然地浸润到世俗的血液中。坚船利炮才是一切软实力的真正基础。

悲剧的诞生

作为新闻大亨，默多克的新闻一宗

财经·动态 Business

分拆前夜，新闻集团高层变阵

同时宣布电子收费杂志The Daily停刊

小默多克掌管娱乐

欧克里奇黯然离职

究竟新闻何去何从？

考虑收购《洛杉矶时报》

药商眼热想“触网”
“明年风投会入场”

苹果详解iPad mini
为何选择7.9英寸

接一宗。新闻集团宣布，定于12月15日停止发行首份iPad电子报The Daily应用的单独版本。该项业务的技术和其他资产，包括员工，将被转移到集团旗下的《纽约邮报》部门。这一步骤距离The Daily于2011年1月的面市，不足两年时间。通常媒体公司的稳定性要胜过IT公司，看来iPad还应该归在IT的类目之下。

不倒的雷峰塔彼此相似，倒掉的雷锋塔各有各的理由。The Daily的生死时速恐怕与默多克的Style有关。怎生一个庞大的烧钱的队伍，驾着梦想号平板车，高调启航！在免费的习惯已养成了数十年之久的背景下，在苹果霸权盛气凌人的时代，聚拢50万个以上的用户，对于一位伟大的探路者和冒险家来说，居然成为一项遥不可及的目标，以至于重弹《纽约邮报》暴力和性、丑闻和案件的经典曲目，竟也未能吸纳到足够的眼球。当然，The Daily可能并不意味着全媒体道路上的成败，而仅仅是默多克的“毛茸茸的小问题”。

在新闻集团内部，The Daily和《纽约邮报》，双峰并立竞自由而不可得，不得不相背而行。与此一模式纯属巧合的是香港的传媒大亨黎智英，其台湾市场正拱手让出。《台湾苹果日报》和有线电视网壹电视，已签约出售。遂令台湾的舆论场，为之一变。

不过，上述局部的攻防格局的调整与德国纸媒出现的战后最大倒闭潮相比，简直就是“幸福，幸福”。《纽伦堡晚报》、《法兰克福论坛报》、《德国金融时报》先后破产，羽化成仙，表明欧陆报业的强干弱枝之势已成，黄金时代慢慢地在走向赤铁时代，然后就可能是石器时代，同归于烬。难道新媒体真的是核武一般的杀器？难道全媒体果然是不可逆转的趋势？虽然我们还不能充满信心地得出精准的结论，但是，我们同样也不宜那么自

信满满地不以为然。新的媒体、市场和用户习惯，无疑在加速“老吾老以及人之老”。老态的产业加之维持不善，转型迟缓，可能在一夜间凋零殆尽。

德国是欧洲报纸起源最早种数最多发行量最大的国家，400多年历史300多份报纸2000多万份发行量，在潮水般的移动阅读终端和掠夺式的网络爬虫面前，也未必有多少优势可言。不朽的品牌，优秀的人才，节俭和卖力，仍将难以抵挡用户们不屑的眼神，喜新厌旧和随波逐流。

因此谷歌们赢得的盛誉和腹诽恐怕一样地多。据说德国政府欲征“谷歌税”，法国和意大利也流露出类似的意向，要求谷歌为它在互联网上摘引和链接等扒虫行为埋单。试问传统媒体辛勤采集的结果，不过是红了樱桃，绿了芭蕉，自个儿消得人憔悴，究竟是为谁做了嫁衣裳？不过，谷歌挨的五十个板子，丝毫不应抵消掉传统媒体不能不承受之轻，丢掉包袱，轻装上阵才能避免舞弄更残酷的杯具。

快乐的科学

在这个冬季，鲜有的给人以温暖和振奋的消息之一，是央视2013年度广告招标额158亿元，同比增幅超过GDP。所有的胭脂，几乎都扣在红生生的双颊。地方佳丽除了浙江卫视声音闪亮，招标抢眼外，一致选择了低调再低调，湖南卫视似亦未能重温中部崛起的一帘幽梦。

作为黑马，《中国好声音》的红得发紫，连元芳看了都大吃一惊。煽情也好，做作也罢，施拉普纳的出山布道，令国足总算知道了球门在哪；原生态音乐观赏产业的打造，令国人总算知道了恨海情天，在那几张千年老脸之外，也有几许红扑扑肉嘟嘟的面孔。《非诚勿扰》瞻之在前，《超级男声》忽焉在后。魔镜，魔镜，谁是今天最美的女主角？

只是欲壑无极限，快乐有穷时。央视春晚和卫视跨年晚会的争夺又将揭幕，“始作俑者”电视湘军却意兴阑珊，数亿元的投入，入不敷出。天下英雄谁敌手？独孤，生子不为稻粱谋。娱乐不至死，快乐讲科学。理性的算计，虽然生活所迫，不也是一种不小的进益么？

但是无论如何斗转星移，曲高必然和寡，低俗更添板砖。停播整顿中的江苏教育电视台虽未播出却未早发现早干预早治疗的一幕，与广播坐台类节目其实款曲暗通。看起来真恶俗鄙陋比假道学伪善更让人零容忍，所以求真远远不够，真实不是全部。玛丽莲不再，露露又如何。

快乐，美丽，幸福，如斯曼妙往往经不起反复的解构。在《一九四二》带着我们回到了那个老地方，那个二时代之际，二·一二的成都某街道上空的一句软语“你幸福吗”，经功放之后效果居然不亚于平地上的惊雷“城管来了”，谁还能怀疑“媒介是人体的延伸”这句放之四大洋而皆准的吐槽呢？谢天谢地，中国达人秀大爱东方，梦想合唱团一站到底，劳动最光荣非你莫属。

转型的彼岸

新媒体一直在追赶传统媒体的广告空间和盈利能力。作为一个转折的信号，2012年第三季度，《金融时报》全球日发行量61万份中，31万份来自于网络的付费版。虽然说财经媒体这一特殊的品类，其网络订阅用户数超过纸质版订户数不具有典型性，但是一个新的王朝，一个以共和、融合为主要特征的王朝，无疑正在地平线上冉冉升起。

在技术提供潜能，市场态势逼人，移动互联加速媒体变革的乱局中，在媒体行业出现秩序重构的背景下，穿新媒体的鞋，走转型之路，成为传统媒体或可借鉴的一种模式，或者说战略选择。

“穿别人的鞋”，源自于日常生活的一个借喻：我们每个人都有自己的体验，从小到大，穿的鞋子会变得越来越大；在某个意义上，大一号的鞋子，或不同款式的鞋子，本来都是别人的，我们把它穿上脚，慢慢地变成了自己的鞋。如果有一天，一个人只能穿一个尺码的鞋子，在生理的意义上，就不再成长了，就进入成熟期，进入巅峰期……同理，一个组织，一家传媒机构也可以作如是观。不妨这样理解，不断地尝试及努力去穿别人的鞋，是成长的一段必经的旅程。

“穿别人的鞋”，涉及到当代传媒业的两大关键词：第一个是融合，第二个是转型。如果忽视了这两个核心，最多只是面朝大海，此岸花开，可能为时代潮流所抛弃。但是在节奏上，在策略上，仍

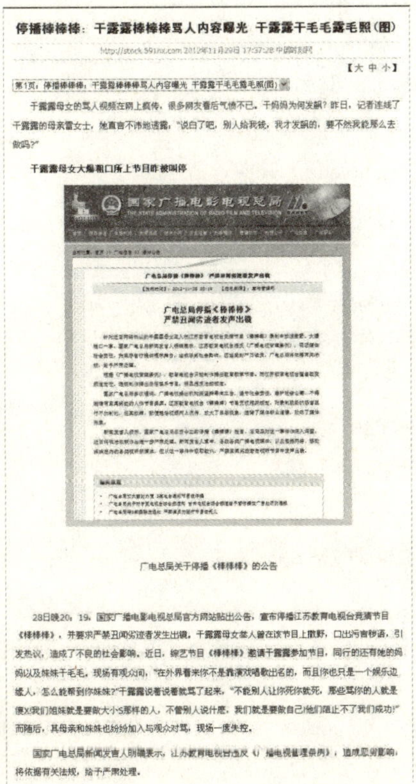

停播棒棒棒：干露露棒棒棒骂人内容曝光 干露露干毛毛露毛照(图)

http://stock.591hx.com 2012年11月29日 17:37:28 中国财经网

【大 中 小】

第1页：停播棒棒棒：干露露棒棒棒骂人内容曝光 干露露干毛毛露毛照(图)

干露露母女的骂人视频在网上疯传，很多网友看后气愤不已。干妈妈为何发飙？昨日，记者连线了干露露的母亲雷女士，她直言不讳地透露，“说白了吧，别人给我钱，我才发飙的，要不然我能那么去做吗?”

干露露母女大爆粗口prefer上节目昨被叫停

广电总局关于停播《棒棒棒》的公告

28日晚20：19，国家广播电影电视总局官方网站贴出公告，宣布停播江苏教育电视台竞猜节目《棒棒棒》，并要求严禁丑闻劣迹者发生出镜。干露露母女禁人曾在该节目上撒野，口出污言秽语，引发热议，造成了不良的社会影响。近日，综艺节目《棒棒棒》邀请干露露参加节目，同行的还有她的妈妈以及妹妹干毛毛。现场有观众问，“在外界看来你不是靠演戏唱歌出名的，而且你也只是一个娱乐边缘人，怎么能帮到你妹妹?”干露露说着说着就骂了起来，“不能别人让你死你就死，那些骂你的人就是傻X!我们姐妹就是要做大小S那样的人，不管别人说什麽，我们就是要做自己!他们阻止不了我们成功!”而随后，其母亲和妹妹也纷纷加入与观众对骂，现场一度失控。

国家广电总局新闻发言人明确表示，江苏教育电视台违反《广播电视管理条例》，造成恶劣影响，将依据有关法规，给予严肃处理。

然有着多样化的解释。简单地说，融合就是在穿别人的“鞋”，重心在后面，别人的“鞋”；转型就是“穿”别人的鞋，重心在前面，“穿”。这两者都很重要。融合是实现一种共存，转型是更好地共存。这种共存，可以说主要地不是不同新旧媒体的共存，不是 YouTube 与路透，雅虎与 ABC，Facebook 与《华盛顿邮报》等在内容方面的合作，而更多地是同一媒体以不同的介质进行传播的共存，后者乃是全媒体的本尊。

为了共存，还可以追问：别人的鞋是个什么样的，有没有香港脚？能不能适应？而我们当下的传播环境，主要的特点就是，个人化的传播，与组织化的传播一道，共同书写了当代世界的典型事件、典型场景、典型剧本，这是一个巨大的转变。个人化的同时，也在社会化，但是，社会联结的方式，改为移动互联和电子阅读了。按这个说法，对很多传统媒体而言，是能感受到很严重的香港脚的。报业也好，广电也好，电信也好，对时代的变化，作出恰当的反应，在战略上愈加显得至为关键。

那么，穿别人的鞋能不能自然地适应？应该说，贸然地去穿别人的鞋，不是那么容易上脚的。在一个领域成功了，到了另一个领域之后能否成功，仍然需要接受市场的挑战，接受用户认知度、忠诚度、美誉度的考验。国内外的媒体尤其是传统媒体，在做新媒体的时候，普遍不那么得心应手，里面的原因有很多。其中有一个原因就是，传统媒体做自己，做习惯的自己，做最好的自己，做得很风生水起，反过来，倒成了做新媒体的一个包袱。

走自己的路，走转型的路，关系到战略目标的实现问题。其实融合也好，转型也好，有多种模式。就像鞋子一样，有多种样式，哪一双鞋适合自己，穿过之后才知道。所以，解决方案本身不是第一位的，而是第二位的。比较而言，战略是第一位的，战术是第二位的；思维是第一位的，想法是第二位的；愿望是第一位的，决策是第二位的；决心是第一位的，行动是第二位的。

当然，最终所有这一切，终究还是要落实到果决的行动上。前路漫漫，惟有驾长车踏百丈冰，驾艨艟劈千顷浪，才能有不胜之喜。

（作者系暨南大学新闻与传播学院教授）

摄影师要赋予照片感情

法制晚报摄影记者 付丁

匈牙利籍战地记者罗伯特·卡帕说：拍得不够好，是因为离得不够近！我觉得，离得太近了也未必好。

太近之后的新闻图片必然带有或多或少的表演性质。我更喜欢离得远一点，发现新闻对象的真实一面，使照片饱含感情，没有做作。而大广角镜头拍摄，图片的侵略性又尤为突出，而这种突出并不适合所有题材。

使用什么镜头完全是由题材和图片风格决定的。在新闻摄影中，细节的抓取要比一个场景的重现更动人，摄影师需要赋予照片感情。这与我们离得远近，用的是广角还是长焦关系不大，需要做的就是细节和情感的抒发。

▼ 2009 年 5 月 2 日，甲流爆发，北京地坛医院院长成军在新闻发布会后被各地媒体团团围住。

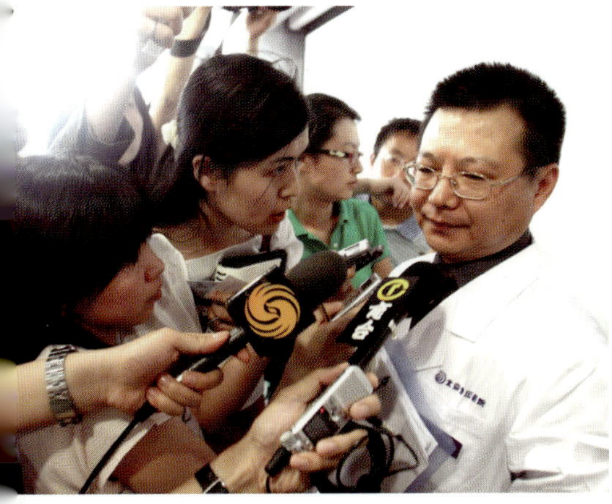

▼ 2012 年 9 月 11 日。地震后彝良再次经历了多年不遇的特大暴雨袭击，河水猛涨。几名在安置点生活的孩子在洪水退后，站在桥上看着河水中 2 台重型挖掘机慢慢露出水面。

▶ 2008 年 5 月 19 日下午，汶川地震全国哀悼日．在成都天府广场上。所有前来悼念的人们都手系白花，心手相牵。

▼ 2008 年 5 月 21 日，绵竹市富新二小内徐紫玲的父亲抱着孩子的照片，目视天空，悲情难抑。

照片有自己的命运

钟文雅

自11月14日起，以色列对加沙发起代号为“防务之柱”的军事行动。一周后，以色列和巴勒斯坦激进组织哈马斯达成停火协议，结束持续8天的以巴冲突。加沙卫生部称，以军的袭击共造成162名巴勒斯坦人丧生，其中包括42名儿童。加沙武装人员向以色列境内发射数百枚火箭弹，造成至少6名以色列人死亡，且首次有从加沙发射的火箭炮落在以色列大城市特拉维夫和圣城耶路撒冷附近。

停火后，哈马斯自称战胜以色列，以色列官方则表现谨慎。尽管以巴双方政治立场、宗教信仰等截然相反，对停火协议的具体内容也有不同阐释，但他们不约而同地借助死伤儿童来争取关注。无辜的孩子在无情的炮火下，哪怕是不清楚当地复杂历史的旁观者，也能从这些普世的简化的符号中生发同情和怜悯。

2012年11月15日，加沙，一名巴勒斯坦抗议者在催泪弹的烟雾中奔跑。Majdi Mohammed/东方IC

正如苏珊·桑塔格在《关于他人的痛苦》中所总结的："摄影师的意图并不能决定照片的意义，照片将有自己的命运，这命运将由利用他的各种群体的千奇百怪的念头和效忠思想来决定。"（P34）书中所举的例子是巴尔干战争期间，死于炮火的儿童的同一批照片，曾被敌对双方用于各自的宣传简报会上传阅。

就在暂停了冲突的以巴争端里，也有这么一张命运多舛的照片。它是由路透社摄影师所摄的，画面中哈马斯官员陪同来访的埃及总理，在医院里抱着一名在以军空袭中死亡的儿童。那枚杀死该名孩子的炮弹来自哪里，一度成为以巴博客群里的争议点。支持巴勒斯坦的人们根据哈马斯的发布，相信孩子是死于以军炮火下，象征了以军对加沙平民的残暴不仁。有批评者则认为那不过是政治家的卑鄙伎俩，利用儿童的死亡给自己增加道德筹码。但是事情还没完，不久后《英国邮报》的报道引用巴勒斯坦当地 NGO 组织的观点，指出那名死去的孩子实际被哈马斯的火箭炮误伤的。这样的争论可以没完没了，只要火箭炮导弹的火光仍然划破加沙的夜空，随着平民伤亡数字的上升，另一个孩子的死亡仅仅是一个概率问题。

网络的发展缩小了战争信息发布的时间差，既促使有关机构开辟一条网络宣传战线，也为亲历其境的人们提供了一个自我表述的平台，在大众传播之外增补了许多人际传播的渠道。战场内外发生的事情同步投影在 Twitter、Facebook 和 Instagram 等社交网络，两个"#"内划分的不仅是方便搜索的关键字，而且是区分敌我的界限。

▲ 2012 年 11 月 19 日，加沙，在以色列空袭中遇难的达卢家的孩子。达卢一家人是生活在加沙的巴勒斯坦平民，以色列战机 11 月 18 日在空袭中将他家的房屋完全炸毁。达卢和一个儿子幸免于难，而包括他妻子与 7 名子女在内的 11 人却不幸丧生。MAHMUD HAMS/ 东方 IC

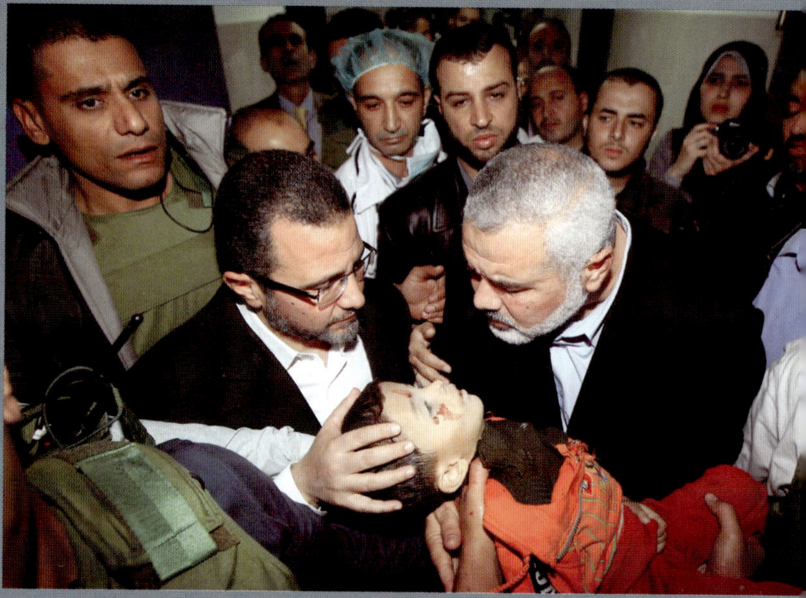

▲ 2012 年 11 月 16 日，巴勒斯坦伊斯兰抵抗运动（哈马斯）高级领导人哈尼亚（前右）与到访的埃及总理甘迪勒（前左）在加沙城当地医院探望时怀抱一名在空袭中遇难的儿童。新华社 / 路透

▲ 当地时间 2012 年 11 月 15 日，加沙 Khan Younis，巴勒斯坦妇女在哈马斯重要成员 Hamas militant 的葬礼上哭泣。Eyad Baba/ 东方 IC

▲ 2012年11月19日，在加沙城，一名巴勒斯坦人从空袭后的废墟中捡回一个玩具。 新华社／法新

▲ 2012年11月19日，加沙城，救援人员帮助一名巴勒斯坦妇女离开空袭后的废墟。新华社／法新

▲ 2012年11月19日，以色列，以色列人躲避加沙的火箭弹袭击。Uriel Sinai/Getty Images/CFP

这一边，以色列总理发了一张特拉维夫受伤孩童的照片；那一边，BBC记者微博直播加沙受伤孩童救治情况。冲突地带内，哀伤的家属手持“以色列杀了我儿子”（ISRAEL KILLED MY SON！）字样的牌子拍照并上传。冲突地带外，身处埃及的哈马斯支持者在集会中抓拍持枪游行的孩子。照片的发布者和拍摄者可能不是同一人，普通人不时转发专业摄影师的照片，附加上个人化的评论进行着多级传播。照片的拍摄者既有专业的战地摄影师，又有许多拿着手机拍照的业余摄影者。借着网络平台，他们将个人的所思所想公之于众，自觉或不自觉地参与到战争宣传或反战宣传的信息流里。

照片被转发，事情被关注，但不代表问题被解决。在以巴双方缺乏互信基础的情况下，以巴和平能否成为常态备受外界质疑。常年多变的冲突局势下，人的命运由不得自己。意识形态割据的语境中，人手所造的照片命运也多变起来，不再是单纯客观的见证和纪录，还可能混杂主观的分享和感受。

（作者系南方都市报图片编辑）

▲ 2012年11月21日，加沙城的联合国学校，以色列战机在巴勒斯坦儿童头顶上盘旋。新华社记者 陈序 摄

▲ 2012年11月23日，在冲突中经历了8天的火箭袭击和警报后，以色列南部边境城镇居民逐渐恢复日常生活。Christopher Furlong/Getty Images/CFP

▲ 2012年11月23日，加沙，巴勒斯坦男孩坐在一辆被炸毁的汽车里玩耍。MOHAMMED ABED/东方IC

▲ 2012年11月27日，加沙，巴勒斯坦学生走在学校碎石上。联合国在当地运营的学校在以色列空袭中受到严重损害。/ CFP

▲ 2012年11月21日，加沙，巴勒斯坦人庆祝巴以达成停火协议。Ashraf Amra/东方IC

▲ 2012年11月16日，以色列阿什杜德，一名犹太男子站在被来自加沙地带的火箭弹击碎的汽车玻璃前。新华社 / 路透

▲ 2012年11月19日，以色列，以色列对加沙地带发动的"防务之柱"军事行动愈演愈烈，地面部队正在加沙地带边境集结。/CFP

法新社 Nicolas Asfouri 摄

破冰之图

今年 6 月，缅甸反对派领袖昂山素季抵达挪威，在正式领取她 1991 年获得的诺贝尔和平奖时说，“国际社会已经意识到缅甸对民主及人权的追求，我们从未被世界遗忘。”

11 月 19 日，奥巴马携国务卿希拉里到访仰光，成为首名访问缅甸的美国在任总统。

这是一个新旧交替的关键时刻。摒除了呆板的握手和不知所措的排排站，法新社记者 Nicolas Asfouri 用一幅更为生动的画面——奥巴马美国式的热情拥抱和亲吻与昂山素季内敛的微笑和低调身姿——代表了这个全新时代的来临。

我们不得不承认，很多时候画面本身所传达出的朴素的直观内容比其延展出的大时代背景更能吸引人。

这，应该是本年度最经典的亲吻……之一了吧。

博客天下图片总监　翁倩

新媒体

新媒体

自媒体、意见领袖与媒体议程

——以公民行动“舍利回家”为例

□王天定

王天定

西安曲江文化产业投资集团是西安市政府批准成立，由曲江新区投资管委会投资设立的国有独资公司。近年来，在西安及周边以文化遗产保护为号召，进行了类似大唐芙蓉园、大明宫遗址公园、曲江法门寺景区、曲江楼观台等，被称为所谓“曲江模式”。曲江模式受到陕西省和西安市两级政府的全力支持，却在社会上一直存在巨大争议。但是，由于曲江集团所有项目都得到政府的大力背书，而且由于曲江集团对西安本地及包括港澳地区在内国内媒体进行大规模广告投放，一度成功地为自己构筑了一道“舆论防火墙”，从媒体上很少能够看到对曲江的批评。

2010年9月3日,《人民日报》发表报道《陕西曲江模式:曲径通“优”还是通“忧” 文化产业被地产"垄断"隐患众多》，对西安的“曲江模式”提出了尖锐批评，2010年10月22日,《人民日报》又发表《警惕文物保护背后的地产冲动》，再次批评曲江打着文物保护的名义进行房地产开发。《人民日报》在不到两个月的时间内，连续发表两篇针对曲江模式的批评性报道，当然是一件非常引人注目的事情，而且从专业角度看，这两篇报道做得非常扎实、专业。报道采访了国内有关文化遗产保护、经济学、社会学等领域关注曲江问题的有代表性的专家学者，包括在陕西各高校及科研院所的专家，他们应该是第一次在国内权威媒体上有了针对曲江问题的发声机会。

但是，与许多人想象中不同的是，面对人民日报这样中央权威媒体的批评，陕西及西安方面采用了近乎针锋相对的舆论对抗手段。

2010年12月9日至2011年1月5日间，西安市委机关报《西安日报》及《西安晚报》以“东方文化遗产保护的典范”为主题的四个整版，发表长篇言论四篇，报道八篇，对曲江进行的一些主要项目进行了全方位赞誉，这四个整版专题，虽只字未提人民日报的报道，但明眼人应该不难判断，这是西安官方对人民日报批评的一种回应方式，

而与此同时，已经身在北京的艺术家岳路平虽然发表《出西安记》，与母校西安美术学院渐行渐远，但他仍对西安的一切念兹在兹，尤其曲江模式对西安本土现代艺术的打压让他一直耿耿于怀。此时的他，在采用一种“准上访”的方式批评曲江，他利用自己在北京高校讲课，在文化部等国家部委参加会议的机会，不失时机地发表批评曲江模式的意见，但他很快发现，他每次近乎满堂彩的发言，会后就会像水汽一样蒸发得无影无踪，在媒体上留不下一星半点，当然也就没有任何社会影响力。

于是，在2012年5月的一天，郁闷和无奈中的岳路平发了两条微博：

“曲江已经脏成这样了，任何漂白的努力都无济于事了，你以为你是杰克逊呀？！”

“上月我在一重要场合批评曲江，满堂喝彩响应，最后曲江居然还是买通记者把我的话删除。”

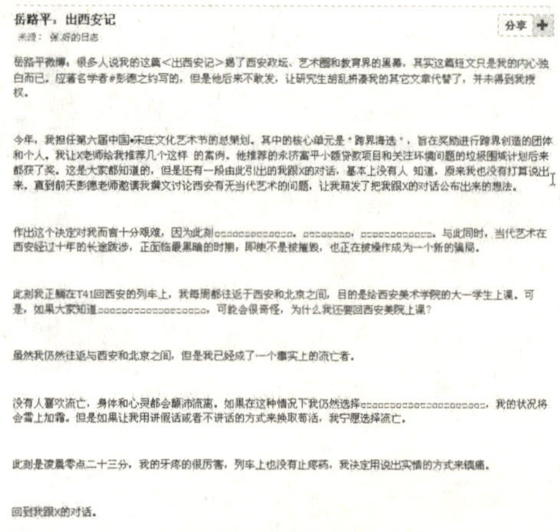

岳路平：出西安记

来源：张妍的日志

分享

岳路平微博：很多人说我的这篇<出西安记>揭了西安政坛、艺术圈和教育界的黑幕，其实这篇短文只是我的内心独白而已，应著名学者#彭德之约写的，但是他后来不敢发，让研究生胡乱拼凑我的其它文章代替了，并未得到我授权。

今年，我担任第六届中国•宋庄文化艺术节的总策划。其中的核心单元是“跨界海选”，旨在奖励进行跨界创造的团体和个人。我让X老师给我推荐几个这样 的案例。他推荐的永济富平小额贷款项目和关注环境问题的垃圾围城计划后来都获了奖。这是大家都知道的，但是还有一段由此引出的我跟X的对话，基本上没有人 知道，原来我也没有打算说出来。直到前天彭德老师邀请我撰文讨论西安有无当代艺术的问题，让我萌发了把我跟X的对话公布出来的想法。

作出这个决定对我而言十分艰难，因为此刻□□□□□□□□□□□□□□。□□□□□□□□，□□□□□□□□□□□□。与此同时，当代艺术在西安经过十年的长途跋涉，正面临最黑暗的时期，即使不是被摧毁，也正在被操作成为一个新的骗局。

此刻我正躺在T41回西安的列车上，我每周都往返于西安和北京之间，目的是给西安美术学院的大一学生上课。可是，如果大家知道□□□□□□□□□□□□□□□□□□，可能会很奇怪，为什么我还要回西安美院上课？

虽然我仍然往返与西安和北京之间，但是我已经成了一个事实上的流亡者。

没有人喜欢流亡，身体和心灵都会颠沛流离。如果在这种情况下我仍然选择□□□□□□□□□□□□□□□□□□□□□□，我的状况将会雪上加霜。但是如果让我用讲假话或者不讲话的方式来换取苟活，我宁愿选择流亡。

此刻是凌晨零点二十三分，我的牙疼的很厉害，列车上也没有止疼药，我决定用说出实情的方式来镇痛。

回到我跟X的对话。

了解了我的“跨界海选”的思路后，X说这个评选很有意思，接着他给了我一个令我很吃惊的建议，“我建议你们可以设置一个'跨界害虫奖'”。他说跨界 现象很普遍，但是有有益的跨界，也有有害的跨界。我让他举出一个有害跨界的例子，他说西安市副市长D，在政治，经济和文化之间跨界，但是属于跨界害虫。他 的这个回答令我十分意外，是因为过于精确地引发了我的共鸣而感受到的意外。我立即回应了X的观点，我说，“西安，现在是一座正在摧毁文化的文化古都，我本 人就深受其害。”

实际上，今天中国的文化正在遭受自文化大革命以来最大的浩劫，只不过这一次不是用“革命”的旗帜，而是用“文化产业”的旗帜。D是今日摧毁文化的佛 地魔（哈利波特的敌人）之一。曲江，中了林徽因的咒语，“你们把真古董拆了，将来要懊悔的，即使把它恢复起来，充其量也只是假古董！”今天，在土地房价拉 动的GDP的旗帜下，文化的佛地魔们通过海量的复古建筑的建设，既污染了真的文化遗产，又通过权力寻租裙带关系谋取非法暴利。具有讽刺意味的是，今天，配 合D疯狂建设复古建筑的建筑设计师师正是梁思成的学生张锦秋。

在这个区别于文化革命的以“建”为名的文化摧毁运动，正在全面污染独立的文化建设，“当代艺术”就是重灾区。

去年，“曲江”文化局局长Z邀请我在曲江策划一个当代艺术展。当时我对曲江的了解不是很深入，一开始积极地参与了前期策划。但是，很快我发现，Z操 心的是让两兄弟（D1和D2），一个在明（D1）成立一家新的国有公司，一个在暗（D2）通过他已有的公司来跟未来D1执掌的新公司打配合。我突然意识到 这个所谓的展览，正在朝着以当代艺术为名义的利益集团进行金钱运作的骗局行进。后来我知道，Z用同样的手段操作了前一年的“诗歌节”（据他自己说，那个诗 歌节一共花掉1000万元人民币）。一边是渴望西安当代艺术通过曲江的平台获得突破性进展的诱惑，另一边是与生俱来地对这种欺世盗名滥用公权力中饱私囊玷 污艺术的纯洁性和独立性的厌恶和反感，这个情绪和思维的冲突主导了我的几个不眠之夜。最后我向Z提出退出策划的工作，后来他和D1多次打电话让我回心转意 我也不再动心。因为这严重地违背了我的道德原则。

此时，我意识到这种情形的结果将是在曲江短期内炮制了一个皮囊式的当代艺术画皮，但是对真正的独立的艺术和当代性，则是一场灭顶之灾。而之后的发展 让我更加清晰地看清了曲江的操作模式：把“当代艺术”做为炒作地价房价的题材，而“当代艺术”活动本身成为利益集团运作金钱的工具，彻底玷污了艺术的独立 性和批评性（后来我听说，我退出的这个Z操盘的展览也花了一千万人民币）。由于曲江拥有庞大的宣传机器，被他们扭曲了的“当代艺术”通过强大的舆论攻势， 极大地影响了西安市民对当代艺术的观感。

从这个跟X谈到的话题，可以看清今天被D的“害虫式跨界模式”扭曲了的伪当代艺术的一个侧面。伪当代艺术极大地误导了公众和没有分辨能力的艺术家， 也是我对西安环境彻底失望的开始。本来，当代艺术就很难在西安生存，从曲江污染当代艺术开始，这座本来就不适合当代艺术生存的城市，终于把我对在西安建设 当代艺术环境的最后一点希望给摧毁了。

西安，是我的第二故乡，从1995年到西安求学至今，我一共在西安度过了15年。考美院的时候，我同时收到了湖北美术学院和西安美术学院的文化准考 证，因为向往西安的文化底蕴，就选择了西安。西安是我心智形成的地方。因为我太爱这个城市，太爱她悠久辉煌的历史，所以今天我目睹这一场轰轰烈烈的以建设 为名的文化摧毁运动时，心如刀绞。

看到他这句话，我不失时机地鼓励他说："岳老师，现在是自媒体时代，你把主要观点发微博吧。"北京大学新媒体研究者胡泳博士也在微博上鼓励岳路平说："新媒体给了我们光线，你为什么不用它照亮黑暗？"

原本就极具传播天赋的岳路平得到鼓励，于是开始了一场以自媒体为平台的艺术化抗争。从2012年5月开始，岳路平利用新浪微博，发起一个名为"舍利回家"的公民抗争行动。主要做了以下一些事情：

1. 他在博客上发表一系列文章，系统批评曲江模式：比如《佛祖舍利可以是曲江印钞机的芯片吗？》这篇文章，系统揭露了曲江一系列假借文化产业之名行地产开发之实的商业运作行为，令人触目惊心。文章发表后，有1000多次转发，收到300多条评论。

2. 在微博中阐释并强调了《人民日报》2010年报道中的要点。

3. 发起名为"假方乙方2012曲江问题公民独立调查"，并发布了专为本次行动设计的LOGO和海报。

4. 联合各界人士向媒体及有关方面发起呼吁。

5. "抵制法门寺景区 舍利归还寺院"公民联署行动，有300多人响应。

6. 提出"不曲，不去，即是功德"的口号。

7. 进一步把行动概括为十分凝练的口号"舍利回家"。

8. 利用自己的影响力在全国进行多场演讲。

陕西曲江文化开发模式：曲径通"优"还是通"忧"

2010年09月03日08.40　来源：人民网-《人民日报》

【字号 大 中 小】打印 留言 社区 网摘 手机点评 纠错　E-mail推荐：　提交

大雁塔、北广场与两侧的仿唐商铺。

大唐芙蓉园内一角。

原地复建的大明宫国家遗址公园丹凤门。

【阅读提示】

近期，有两则消息与"曲江"连在一起，当地拟投120亿元改造陕西西安城墙，计划用现代灯光点亮城墙，在城墙周围开发旅游娱乐项目；8月份，耗资百亿元的大明宫遗址公园在开园前一个多月，部分已建成的景观却被悄悄"搬移"。这两则消息，都引发了舆论的广泛关注。

近年来，西安曲江新区似乎从不缺少话题。有人称，"曲江模式"已成为陕西文化开发的一个范本；有人却质疑，曲江以保护历史文化遗产之名，行开发地产抬高房价之实；还有专家直言，曲江几乎"垄断"了陕西文化遗产开发，过度商业开发不仅使陕西文化单一化，还会伤了文化的魂……

"曲江模式"到底该如何看待？文化遗址开发中的这条曲径，通向的究竟是"优"，还是"忧"？

岳路平这一系抗争行动，都是博客、微博、长微博综合使用，我们看到，岳路平几乎以一人之力，展开与一个有强大政府背景的商业集团进行直面抗争，唤起了全国舆论对曲江模式的关注与批评，先是2012年6月12日《中国企业报》报道《西安法门寺被指曲江系提款机 曲江系疑为幕后推手》，全面报道了岳路平从2012年5月间发起的“舍利回家”行动，记者还以游客身份，对曲江法门寺景区进行暗访，实地体验了曲江法门寺景区内借佛敛财的种种现象。

《中国企业报》的这篇报道被数百家媒体网站转载，揭开了媒体报道曲江问题的新一轮媒体潮，随后，随着法门寺、楼观台上市风波等，多家媒体借此报道曲江的违规操作，也间接推动了中央十部门遏制借教敛财的文件出台。这一目前还正在进行的艺术化抗争过程，也在西安进行了一次公民启蒙，让西安更多的人开始思考如何真正保护自己生活的这座文化古都。从笔者了解的情况看，尽管目前让“舍利回家”的目标还没有实现，但曲江方面因此受到的压力，比2010年遭遇《人民日报》批评时大得多。

综观艺术家岳路平“舍利回家”这一公民抗争行动全过程，我觉得有以下几点启示：

一、在中国当下，包括最权威的官媒在内的传统媒体明显被边缘化，《人民日报》在一个多月时间里连发两

中国企业报 03

西安法门寺被指“舍利提款机”

曲江系被疑为幕后推手

寺院产权界定和法人治理结构亟须完善

业内人士解密宗教产业化利益链

信仰能产业化吗?

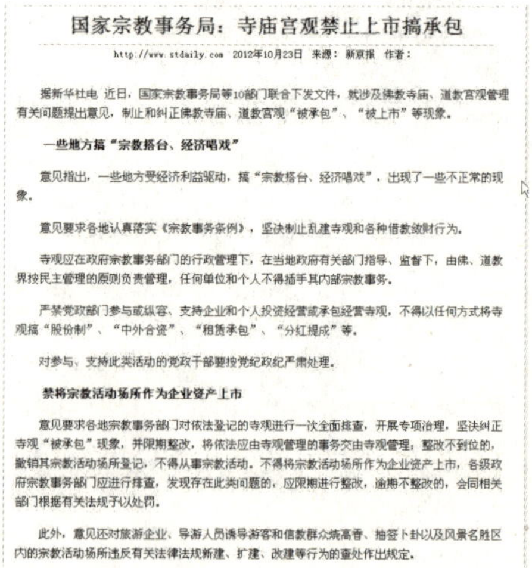

国家宗教事务局：寺庙宫观禁止上市搞承包

http://www.stdaily.com 2012年10月23日 来源：新京报 作者：

据新华社电 近日，国家宗教事务局等10部门联合下发文件，就涉及佛教寺庙、道教宫观管理有关问题提出意见，制止和纠正佛教寺庙、道教宫观“被承包”、“被上市”等现象。

一些地方搞“宗教搭台、经济唱戏”

意见指出，一些地方受经济利益驱动，搞“宗教搭台、经济唱戏”，出现了一些不正常的现象。

意见要求各地认真落实《宗教事务条例》，坚决制止乱建寺观和各种借教敛财行为。

寺观应在政府宗教事务部门的行政管理下，在当地政府有关部门指导、监督下，由佛、道教界按民主管理的原则负责管理，任何单位和个人不得插手其内部宗教事务。

严禁党政部门参与或纵容、支持企业和个人投资经营或承包经营寺观，不得以任何方式将寺观搞“股份制”、“中外合资”、“租赁承包”、“分红提成”等。

对参与、支持此类活动的党政干部要按党纪政纪严肃处理。

禁将宗教活动场所作为企业资产上市

意见要求各地宗教事务部门对依法登记的寺观进行一次全面排查，开展专项治理，坚决纠正寺观“被承包”现象，并限期整改，将依法应由寺观管理的事务交由寺观管理；整改不到位的，撤销其宗教活动场所登记，不得从事宗教活动。不得将宗教活动场所作为企业资产上市，各级政府宗教事务部门应进行排查，发现存在此类问题的，应限期进行整改，逾期不整改的，会同相关部门根据有关法规予以处罚。

此外，意见还对旅游企业、导游人员诱导游客和信教群众烧高香、抽签卜卦以及风景名胜区内的宗教活动场所违反有关法律法规新建、扩建、改建等行为的查处作出规定。

篇批评曲江的报道，结果地方有关部门完全不以为然，不但没有表示接受，甚至连低调保持沉默也不甘心，他们选择运用自己掌握的舆论工具进行直接反击，这在以往是不可想象的。这在一定程度上表明传统媒体包括中央权威媒体的传播效果已经大打折扣，甚至中央官媒对于地方政府的影响力也明显减弱。

二、传统传播学效果研究中，拉扎斯菲尔德等人提出了“两级传播”的观点，认为大众传播只有通过“意见领袖”的中介作用才能发挥影响。通过考察“舍利回家”整个过程，可以发现，新媒体时代，二级传播模式更为凸显，不过，与以往可能有所不同的是，熟练地运用自媒体成为一个人能否成为意见领袖的重要前提。艺术家岳路平发起的“舍利回家”，整个行动中，对曲江模式的批评方式是全新的，艺术化的，富有想象力的，但就内容而言，基本没有超越《人民日报》2010年下半年发表的两篇报道。但经过岳路平的为时半年多的艺术化抗争，对曲江产生的冲击，也就是我们所谓批评效果明显超过当初《人民日报》报道发表的那个时期。

这一过程中，岳路平表现出了运用新媒体的超强能力，这是他成为质疑曲江的意见领袖的重要原因。而陕西还有很多专家，尽管他们对曲江有严厉而尖锐的批评，但因疏于利用新媒体，很难担当意见领袖的重任。

三、自媒体的议程对传统媒体的影响越来越明显。这是近年来随微博等自媒体兴起后带来的一个显著变化。在网络传播的“门户时代”乃至web2.0初期，论坛初兴的那几年，传统媒体基本掌握议程主导权。但我们考察“舍利回家”行动，就会发现，从今年5月以来，传统媒体对曲江的批评性报道，议题基本由新媒体设置，而且传统媒体上的报道最后要产生社会影响，基本又取决于能否被网络媒体大量转载，能否在微博上引发关注，成为一个话题。

（作者系西安外国语大学新闻与传播学院教授）

数字出版的六种模式

□郭全中

郭全中

当前，我国正处于传统出版向数字出版转型的关键时期，国内外较为成功的数字出版模式对于我国传统出版业的数字化转型有着重大的借鉴作用。从当前发展情况来看，亚马逊、苹果、盛大、中文在线、中国知网和Hulu网等六种模式是相对成功的。

一、亚马逊模式

亚马逊模式的本质是打造大型信息服务平台，即“信息平台＋终端”模式，在亚马逊的平台上，聚集了大量的电子书等新媒体信息，并在此基础上，开发出了Kindle电子阅读器、Kindle Fire 平板电脑和手机等终端设备，实现了信息平台和终端的有机结合。亚马逊模式的主要特点如下。

1. 从传统的书籍销售电子商务公司转型为信息服务平台

亚马逊成立于1995年，最早只是经营书籍销售业务的电子商务公司，随着自身发展，经营范围不断扩大，目前已经扩大到了包括DVD、音乐光碟、电脑、软件、电视游戏、电子产品、衣服、家具等产品线。

首先，亚马逊已经颠覆了传统出版模式。亚马逊2007年推出Kindle，在美国，2010年7月电子书销量超过精装书销量，6个月后又超过平装书销量，2011年4月开始，电子书销量全面超过其所有纸质书的销量，即每销售100本纸质书，就要销售出105本Kindle电子书。

目前，在Kindle引入仅仅两年的英国，英国亚马逊的Kindle电子书的销量已超过传统纸质书的销量，自2012年年初到8月，亚马逊每卖出100本传统纸质书籍，就有顾客购买下载114本电子书。

其次，亚马逊已经拥有了大量的独有信息资源。一是亚马逊商店中有2200万部电影、电视节目、歌曲、应用、游戏、图书、有声图书、杂志；二是亚马逊推出的Kindle用户租借图书馆服务中，对Prime用户免费提供超过8万套电子书的租借，其中包括了100套现在或者曾经的《纽约时报》最热卖书刊。三是在Kindle直接发布服务（KDP）推出的KDP Select基金中，鼓励独立作家参与亚马逊租借图书馆服务，通过该计划，亚马逊租借图书馆增加了16倍的电子书存量。仅2011年12月，消费者就租借了KDP Select推荐的29.5万套电子书。四是亚马逊Prime已提供超过13000部电影及电视剧，合作伙伴包括CBS、Fox、NBC Universal、索尼、华纳兄弟、PBS、ABC-Disney等等，得益于庞大的数据库资源，Prime视频服务在2011年第四季度实现了300%的环比增长。

2. 不断发布新终端

高质量的信息内容页需要优质的终端来承载，亚马逊自2007年发布Kindle以来，不断发布新终端，目前，亚马逊的终端家族不仅有各种类型的Kindle电子阅读器，也有Kindle Fire平板电脑，更有智能手机。

3. 亚马逊的运营策略

以巨量的内容为基础和良好的服务为基础，以廉价的硬件终端为销售利器，通过出售各种信息资源来解决盈利问题，实现了信息服务平台和终端的有机结合，取得了良好的经济效益。

首先，得益于良好的商业模式，2011年第四季度，亚马逊的净销售额为174.3亿美元，同比增长35%，净利润为1.77亿美元。具体见表1。

表1　2010年第三季度-2011年第四季度亚马逊销售收入和利润情况

单位：亿美元　%

		10 Q3	10Q4	11Q1	11Q2	11Q3	11Q4
销售收入	数值	75.6	129.5	98.6	99.1	108.8	174.3
	同比增长	39.00	36.00	38.00	51.00	44.00	35.00
净利润	数值	2.31	4.16	2.01	1.91	0.63	1.77
	同比增长	16.00	8.00	33.00	8.00	-73.00	-58.00

资料来源：根据亚马逊公司财报资料整理。

其次，媒体产品销售额取得了长足的进步。2011 年第四季度，媒体产品销售额达到 60.1 亿美元，2011 年合计为 217.63 亿美元。

二、苹果模式

苹果模式的主要特点是“硬件”与“软件”的有机结合，成为巨型的信息平台，即通过超酷、有创意的硬件产品来吸引消费者，并通过自身的软件平台吸引第三方应用开发者入驻，形成硬件、消费者和信息的良性互动。

1. 生产创新性极强的硬件产品

2001 年 10 月 23 日发布第一代 iPod，外表美观且拥有独特和人性化的操作方式以及巨大的容量。iPod 的出现，颠覆了传统唱片业。

2007 年 6 月 29 日 iPhone 2G 在美国上市，iPhone 是结合照相手机、个人数码助理、媒体播放器以及无线通信设备的掌上设备、智能手机。iPhone 的出现颠覆了传统报纸。

2010 年 1 月 27 日 iPad 在美国上市，是定位介于苹果的智能手机 iPhone 和笔记本电脑产品之间的平板电脑，与 iPhone 布局一样，提供浏览互联网、收发电子邮件、观看电子书、播放音频或视频等功能。iPad 的出现，颠覆了出版业。

2006 年 9 月 12 日 Apple TV 在美国旧金山的特别大会上首次发布，集成了 USB 2.0、以太网、WiFi、HDMI、复合视频输出、声效和光纤输出等功能，

可以让 PC 和 iPod 中的相片，视频和音乐无线传输到电视之中高清晰度播出。Apple TV 有可能颠覆电视业和视频业。

2. 打造大型信息平台和大型软件平台吸引应用开发者

苹果成功缔造了 iTunes、iTunes U 两个大型信息平台和 iOS App Store 软件平台。截至 2012 年 6 月底，iTunes Store 已经在 12 个国家和地区可用，有超过 2000 万首音乐；iTunes U 上有来自 125 个大学的超过 750 个课程；iPhone 以及 iPad 版的 App 已经被下载超过 1400 万次；iOS App Store 已经覆盖 155 个国家。

3. “硬件”和“软件”的有机结合创造了完美的业绩

2012 年第三财季，苹果公司的硬件产品继续保持高速增长态势：iPhone 销售 2600 万台，同比增长 28%，在全球超过 250 个运营商销售；iPad 销售 1700 万台，同比增长 84%，已经进入了 97 个国家和地区；Mac 销售 400 万台，同比增长 2%；iPod 销售 680 万部，同比下降 10%；Apple TV 销售 130 万部；iTunes 销售额超过 18 亿美元；苹果通过 App Store 的收入向开发者支付了超过 55 亿美元。

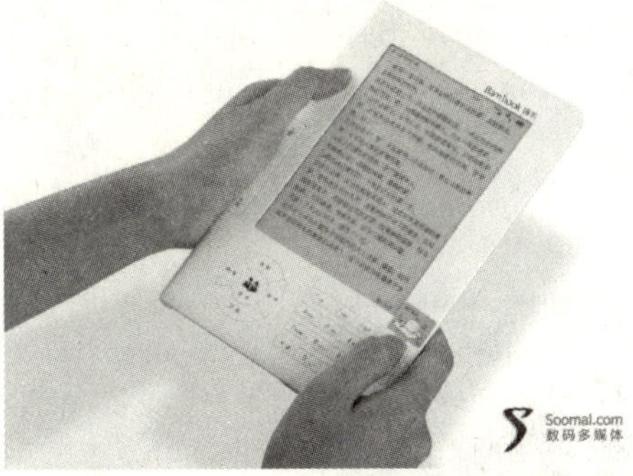

三、盛大模式

盛大模式的实质是通过收购、合资等方式形成在互联网文学领域的绝对领先者地位，并在此基础上拓展各种终端。目前，盛大文学是盛大集团旗下文学业务板块的运营和管理实体，于 2008 年 7 月成立，目前已经成为中国最大的社区驱动型网络文学平台，旗下有起点中文网、红袖添香网、小说阅读网、榕树下、言情小说吧、潇湘书院六大原创文学网站以及晋江文学城 50% 股权，有天方听书网、悦读网两个非原创文学网站。此外，盛大文学还拥有华文天下、中智博文和聚石文华三家图书策划出版公司。

1. 盛大文学在互联网文学绝对领先者的形成过程

盛大文学主要是通过收购、合资等方式和既有的已经有一定影响的互联网文学网站进行合作，逐步成为我国互联网文学的垄断者和绝对领先者。

首先，盛大于 2004 年 10 月 8 日全部使用现金收购了起点中文网。起点中文网创立于 2002 年 5 月，是国内最大的原创网络文学网站，于 2003 年 10 月首创“在线收费阅读”服务。

其次，盛大 2004 年收购红袖添香网。红袖添香创办于 1999 年，是全球领先的女性文学数字版权运营商之一。

第三，盛大于 2010 年 2 月收购小说阅读网。小说阅读网创立于 2004 年，是中国领先的原创小说网站。

第四，盛大于 2009 年 12 月以控股的方式收购榕树下网站。榕树下创办于 1997 年，是国内历史最悠久、最具品牌的文学类网站之一。

第五，盛大于2010年收购了言情小说吧。言情小说吧成立于2005年，主要提供华语言情小说。

第六，盛大于2010年3月收购潇湘书院。潇湘书院成立于2001年，是最早发表女生网络原创文学的网站之一。

第七，盛大于2007年斥资千万元收购晋江文学城。晋江文学城成立于2003年，为言情文学网站。

在掌控大量的互联网文学资源的基础上，2011年2月，盛大文学云中书城正式独立运营，为消费者提供包括数字图书、网络文学、数字报刊等数字商品。

2. 作为领先者效益显著

盛大文学的收入由2008年的0.53亿元增长到2011年的7.01亿元，增长了12.23倍，平均年增长率高达440.88%。具体见表2。

表2　2008-2011年盛大文学销售收入等情况

单位：亿元

		2008	2009	2010	2011	11Q2
销售收入	数值	0.53	1.35	3.93	7.01	
	同比增长	——	154.72	191.11	78.37	
净利润		-0.23	-0.75	-0.56	-0.36	
活跃用户	数值		420645	950625	1,243,579	
	同比增长			125.99	30.82	
ARPU（每用户平均收入）	数值		30.5	34.7	41.6	
	同比增长			13.77	19.88	

资料来源：根据盛大文学提交的F-1资料整理。

四、中文在线模式

中文在线当前模式的本质是依靠电信运营商和教育电子化转型的伴生战略，即抓住电信运营商和教育电子化转型的巨大机遇，实现自身的伴生性发展。

1. 中文在线已经储备了巨量的出版资源

中文在线成立于2000年，目前已经与国内300余家出版机构、逾1000名知名作家、2万余名网络作者正式签约授权，每年可提供7万-10万种电子图书。中文在线的数字图书主要通过手机阅读、中小学数字图书馆、互联网等多种渠道服务于教育机构、大众消费等领域。

2. 采取伴生策略

当前，我国的一些传统行业尤其是电信业和教育业正在积极进行转型，尤其是电信业近几年的增长速度低于 GDP 的增长，亟需从以“话费收入为主”的盈利模式转变为“以流量收入为主”的盈利模式，而要实现成功转型，电信运营商就必须培养高质量的内容提供商，2011 年电信运营商的销售收入将近 1 万亿元，转型成功后，前端的内容提供商最少会有 1000 亿元以上的收入，这就给内容提供商提供了巨大的发展机遇。

中文在线紧紧把握电信业和教育业转型的巨大潜在机会，一方面与中国移动等运营商广泛合作，成为中国移动梦网的数字图书版权审核机构，并为其移动书屋提供 69% 的手机读物；另一方面，中文在线的中小学数字图书馆已在全国 5000 余所中小学中获得了应用，建立示范校 200 余所，实验区 5 个。得益于伴生机会，中文在线取得了快速的发展，目前是中国最大的无线阅读服务提供商。

五、中国知网模式

中国知网模式的本质在于利用特殊渠道，即主要面向教学和科研人员，重点拓展知识与情报服务市场，利用学校和科研院所这个特殊渠道。万方数据也是采取这种模式。

中国知网始建于 1999 年，目前服务的读者超过 4000 万，年文献下载量突破 30 亿次，成为了全球领先的数字出版平台。

六、Hulu 网模式

Hulu 网模式的本质在于传统企业的协同合作，即优势传统媒体企业成立合资企业，利用优质的内容资源来赢得高质量的用户和广告客户。

Hulu 网由沃特·迪斯尼、新闻集团的福克斯广播公司和 Comcast 的 NBC Universal 合资组成，由这些传统集团提供优质的视频内容，截止到 2012 年 4 月中旬，付费用户数量突破 200 万户，2010 年的收入为 2.63 亿美元，2011 年的收入为 4.2 亿美元，同比增长 59.70%。

综上所述，数字出版模式成功的关键在于形成适合自身优势的生态系统，并充分挖掘各种资源，发挥自身的优势，探索出适合自身的发展模式。

（作者系国家行政学院社会和文化教研部副教授）

主编絮语

主编絮语

收获2012

□朱学东

朱学东

11月26日，《中国周刊》2012年最后一期摆在了我的桌上。

抚摸着今年最后一期《中国周刊》，无限感慨。从2012年1月的《回不去的故乡》，到年底的《我们都是异乡人》，首尾遥相呼应，中间夹杂《谁能让我们笑》、《税之痛》、《有话为什么不能好好说》、《谁的建筑》、《餐桌自救——一场打不赢的战争》、《个人养老——一个不可能完成的任务》、《呼吸之痛》、《我们为什么输不起》、《中国式娱乐》、《中国好爸爸》，所有封面报道，虽然有跳跃，但其关注的，都与当下中国人的生存状态有关。

虽然因为自身原因，《中国周刊》在经营上尚未完全摆脱困境，但这一年来的努力，还是大有收获。撇开经营上的甘苦不说，至少在2012年，作为一本月刊，在社交媒体成为"政治正确"的时代，《中国周刊》在市场化杂志的主流渠道和影响力上，已经确立了不易撼动的位势，也有许多浅薄的经验可以与同业分享。

或许这种经验在许多同行那里被视为不传之秘。但于我而言，于中国周刊而言，这种分享，乃是在社交媒体的危墙之下，大家一起努力才能做大蛋糕拥有未来的心愿。即如走夜路的人，总是愿意同行者日多。

一

我想与大家分享的第一个收获是，在当下中国，微博等社交媒体及即时移动传播技术的进步，不仅没有瓦解传统杂志，反而促进了传统杂志的发展。

自去年以来，社交媒体几乎说得上是攻城拔寨，撄其锋者皆折，传统媒体业者尤其是传统报刊业闻者色变，其高薪、期权以及发展空间的诱惑，让传统媒体投诚者动摇军心者日多。技术似乎成为决定传统媒体生死存亡的关键。

毫无疑问，技术进步不可逆地解构了传统媒体的信息采集和传播方式，加速了因循守旧的传统媒体的瓦解。

如果说政治和市场的夹缝，决定的是传统杂志生存的尊严，传播技术的进步，从长远看，引发的可能真是决定传统媒体生与死的关键，所以，对传播技术进步改变的受众消费习惯的研究，对传播技术进步本身的研究和利用，对于依然坚守在传统媒体的人来说，是一个生死攸关的命题。

我从来都相信，在经受了最初的冲击之后，技术进步一定是普惠的。

事实上，中国周刊自 2011 年，调整新媒体策略以来，从观望到主动进入，虽因资金问题，投入极少，但效果尚好。

无论是微博、微信，还是手机客户端杂志，还是传统的网络付费订阅和免费传播，相当程度上弥补了这个快节奏时代月刊出版周期的不足，也弥补了传统杂志市场投入不足、历史较短的劣势，缩短了消费者对《中国周刊》购买记忆的形成时间，对品牌影响力的确立，居功至伟。

同时，传播技术的进步，也让拓展了新的读者群体。这一块，是过去传统纸介质杂志可能很难覆盖到的。

我一直认为，无论是微博、微信还是

手机客户端、传统网络上的消费者，还是传统纸介质杂志的订户购买者，只要他阅读《中国周刊》，就都是《中国周刊》的读者。

至于利用新技术新媒体型态赢得的读者，其商业模式的确立虽然还需继续尝试，但也已有收获。

所以，只要我们不抱一夜暴富之心，像农民一样耕地，我们的价值就不会丧失。

不必在乎任何呼吁投降的聒噪，我们需要的是认真对待，为我所用。

至少到目前为止，对《中国周刊》造成伤害和压力的，还是来自传统的因素，政治和市场的不规范，以及传统的同业竞争；那些技术主导的强大的网络和新媒体公司，与我们之间的关系，更多是一种合作互惠各取所需的关系，而非对抗的竞争关系。从目前发展的态势看，随着《中国周刊》市场主流影响力的形成，这种合作将会进一步紧密起来。

二

第二个收获是，传统杂志所拥有的相对专业的内容制作优势，依然是这个技术进步主导媒体型态变革时代所不可替代的优势。

毫无疑问，网络媒体以及其他新媒体公司，其拥有的资本体制和技术优势，是传统媒体所不具备的；而传统媒体所自诩的内容制作的人力资源优势，在它们面前也是不存在的，网络媒体以及其他新媒体公司的从业者，许多都是从传统媒体过去的佼佼者，他们对传统媒体的内容制作水准不比我们差，但他们在网络和新媒体公司，这种优势只保留了对内容好坏的判断力。

任何技术主导资本强大的网络和新媒体公司，它们之间的竞争，是速度的竞争，是海量的竞争，它们内部之间的竞争性质，决定了它们不能也不会慢下来，用传统媒体内容制作方式来获取竞争优势。

没有人能够通吃产业链条上所有的环节，肉烂在自家锅里，只是传统家族作坊和国营企业的老派思维。开放合作共赢，一定是这个时代的主流价值判断。

所以，在产业分工的链条上，这些技术主导型媒体最具粘性的一块，除了游戏化产品之外，最具人性化的内容，也是不可或缺的粘性内容，这些内容能够凝聚人气。微博、网络这一块，这几年活跃度的下降，其实与优质内容供应的逐渐匮乏有关，没有粘性，便不能持久。

这其实与传统媒体的商业模式非常类似。

所以，在今年上半年腾讯的智慧营销峰会上，作为传统媒体的唯一代表，我在发言中，除了承认技术改变了我们的生活方式之外，也认为看到了传统媒体的春天，一个有品牌影响力，有话语权的媒体，一个能够提供有粘性内容的媒体，在技术进步改造的新的产业链条上，一定有自己的位置，而且价值越来越高。

利用自己的内容制作优势，利用传统媒体的品牌和公信力优势，整合各种资源，让自己成为社会关系网络中不可或缺的一眼，成为新产业链条上不可或缺的一环，这一点，在 2012 年《中国周刊》的市场拓展中，已经初尝甜头，虽然还远远不够。

放弃自己最擅长的本事，以己之短，搏人之长，去跟新技术新媒体搏命，不智。

三

第三，面对被技术进步改变了口味的消费者，如何调整传统媒体的内容制作，是社交媒体时代最为严峻的挑战，也是上述两个收获的基础性工作。

2012 年《中国周刊》封面报道和世相、城记、往事等栏目的努力，让我们自己收获颇丰。

首先是题材选择。如何选择合适的话题，是对所有传统媒体的挑战，对被迫以月刊周期出版的中国周刊来说，更是一个严峻的挑战。

我的收获是，主流价值，个体故事，是题材选择的核心要义。

所谓主流价值，就是选题的价值判断，要合乎社会前行的方向，合乎人类文明的共识，在这样的框架下，遴选个体故事，通过个体故事，把个体跌宕起伏的命运，放在中国社会的大背景下，来关照中国社会变迁的内在力量和伤痛。

每一个人都是活的中国。个体和普通人的重要性，在中国的政治和文化中从来都是缺失的。自 2011 年以来，《中国周刊》恰恰是通过普通人的故事，向读者呈现了一幅当代中国复杂的画卷，用斯诺在《活的中国》中写的话来说，这些个体故事，这些普通人的命运，“犹如以巨眼俯瞰它的平原河流，峻岭幽谷，可以看到活的中国的心脏和头脑，偶尔甚至能够窥见它的灵魂。”

从普通中国人的命运中，去触摸活的中国，触摸中国真正的灵魂和精神，这是 2012 年《中国周刊》最为成功的地方。

打动人的故事，在任何一个时代都不会过时，而且，讲故事的能力，不是每个人都拥有的，而且，讲普通人的故事，讲你我他的故事，最能引发共鸣。

讲故事也最能传播价值观，这也是杂志的本质。

其次是杂志的文本选择。

在人人都是媒体的社交媒体时代，媒体过去喜好的宏大叙事和言之凿凿的判断，同样被瓦解了，有了太多的替代品。同样，我们不能跟社交媒体比快，我一再强调，社交媒体已经不可逆地瓦解着传统媒体的信息采集和传播功能，跟它们比快，死路一条。

在一个快的时代，能够慢下来，能够让人思考，成了一个稀缺品，物稀自然便贵。

所以，必须重新来思考过去习以为常的杂志核心竞争力中的新闻价值和深度报道，只有在这两个方面有颠覆性的思考，才能在社交媒体时代的竞争中活下来。

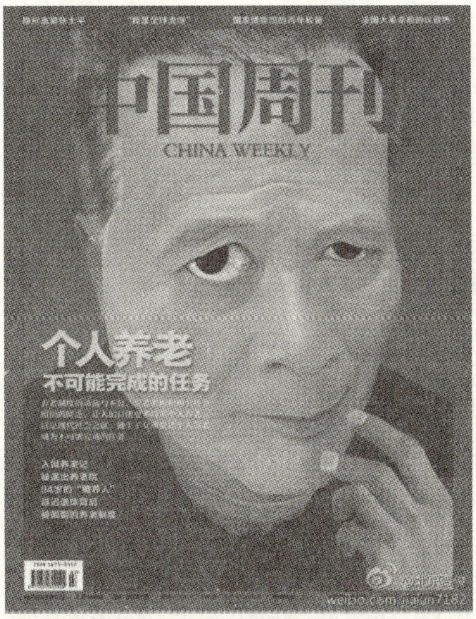

毋须追逐独家新闻了，杂志也追不上。真正大家共同关心的独家话题，中国的现实除了特权性媒体，无人能跟上发出；而其他所谓独家新闻，在幅员辽阔发展极端不平衡的中国，都能找到，但却因此可能边缘了。感谢我们被迫做了月刊，在这点上让我有了更多思考。

但不追独家新闻，不是说不谈新闻性，中国周刊2012年的所有封面报道，任何一个在当下中国，都具备足够的新闻价值，但却没有一条是当下的新闻，它们都是一定时段内中国社会必须面对的问题，话题。

过去杂志的深度报道，在还原事实真相，还原时间背后逻辑上，都有独特的价值，但事实上，这一块首先是被报纸的深度报道稀释了，而在社交媒体时代，连还原真相和逻辑的价值，也被稀释了。

一个拆迁报道，无论如何还原，信息和视频都早已出来，很多读者已经对逻辑有了先验判断。所以，还原真相和逻辑的努力，可能要逐渐让位于描写事件中的角色命运，把命运感写出来，把还原真相和逻辑的努力，逐渐放给社交媒体和日报。

在这点上，中国周刊记者李佳蔚的《废墟上的音乐会》、商华鸽的《周口变平了》，以及特约撰稿王悦微写的《宁波：温和与坚硬》等，或许都是可以努力的尝试。

所以，逐渐放弃新闻价值至上追逐真相至上的立场，平衡新闻价值和阅读价值之间的关系，并在新闻价值的基础上，在大量事实调查的基础上，追求阅读价值，杂志的文本意义才真正显现。凡都能让人心中一惊一紧一荡一暖一冷（如包丽敏所言）的文章杂志，都能找到共鸣者，这才是真正的用户体验。

即如桐城派所言，义理为干，考据有所归，而后文有所附。

这是碎片化阅读海量化信息时代的一种深度阅读慢阅读的机会，把思考留给读者的机会，把思考留给了读者，也就赢得了读者。

虽然目前中国周刊的记者，大多比较年轻，在采访经验和文本表达上还有欠缺，尤其是冲突性不够的故事，但这个方向却是可期的。

最后一个，即是杂志的情怀不能丢。

杂志是人的情感和智慧的结晶，传播的是价值观。中国周刊很幸运的是，在这

个大变局时代，有一支年轻充满激情和活力的队伍。

在中国传媒大学讲座时，有同行问我，我们这支年轻的队伍如何能在经验丰富的同行竞争中立足?

我的回答是，正是因为他们年轻，他们拥有这个时代所缺乏的热情，激情，虽然他们的经验不足，写作也稚拙，但相较那些老到而疲态尽显，或者心有旁骛的经验丰富的从业者而言，他们多了真诚，多了专注，多了努力。而这种真诚情怀和专注努力，是读者能够从他们的文章中读到的。

正是年轻记者显现的这种品质，2012年的《中国周刊》才能够继续进步。他们的成长，也将是这本杂志的成长。

这才是这个时代，无论技术主导型媒体还是文摘类媒体，所无法拥有的价值。

中国社会的转型是个漫长而沉重的过程，能够表现的题材取之不尽。

无论传播技术如何进步，媒体形态如何改变，放下身段，以己所长，真诚入世，从细微处从普通人的生活中触摸活的中国，寻找中国前行的动力和内在精神，不放弃，筚路蓝缕，相信，传统媒体人也终能拥有一片自己的天空。

（作者系中国周刊总编辑）

新型视觉治理催变中国报纸格局

□周智琛

周智琛

在这种万马齐喑又浮躁不堪的年代里，人们做事的方式方法极其多元多变。但我相信，人的心气儿最终决定了一份事业能做多大能走多远。

做媒体尤其如此，媒体人除了按照通法正常发展，更应该在内心和理想的层面辟出一块空地来，使之自由甚至是野蛮生长，这才能爆发出异质的生命力，也才能做出自己的风格来。

当然，媒体业是一个整体性和专业性相得益彰的行业，在严谨细分出来的技术种类和专业主义的谱系里，媒体人的“天分”固然令人着迷，但“持之以恒”这四字在目前艰苦的职场氛围中更让人珍视。

这些年里，我庆幸自己遇见了很多为了传媒梦想而执着担当的人。因为有了他们，这个有点畸形的行业，始终存在着专业、地道和纯粹的品质和力量。在这些人当中，我的老同事、中国新闻设计师网创办人廖小静先生无疑是一位特别坚毅的专业主义者和理想主义者。

他在中国新闻设计行业侵淫 15 年，除了将自己所领导的报纸视觉事业带到一个让人尊敬的高度外，更经年致力于规范行业秩序和优化新闻设计技术。

他的这种追求和努力，集中表现于创办中国新闻设计师网和策动组织每年一次的中国新闻设计年会——这两大平台，已成中国新闻设计师群体情感共鸣和力量共振的强大载体，其作用已超乎活动本身，其代表的行业自觉和文化自信对整个行业的发展具有非常积极的意义。

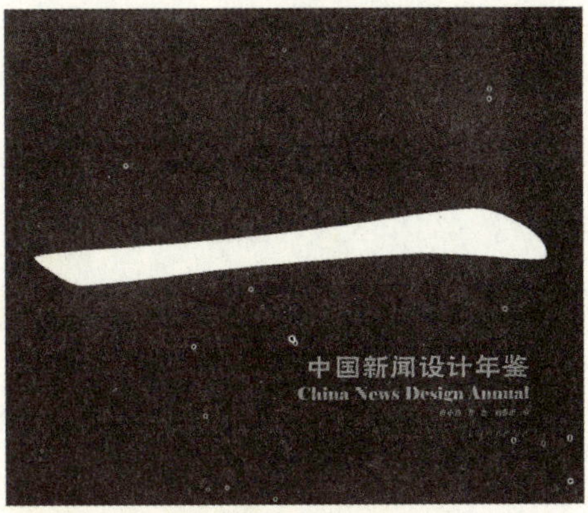

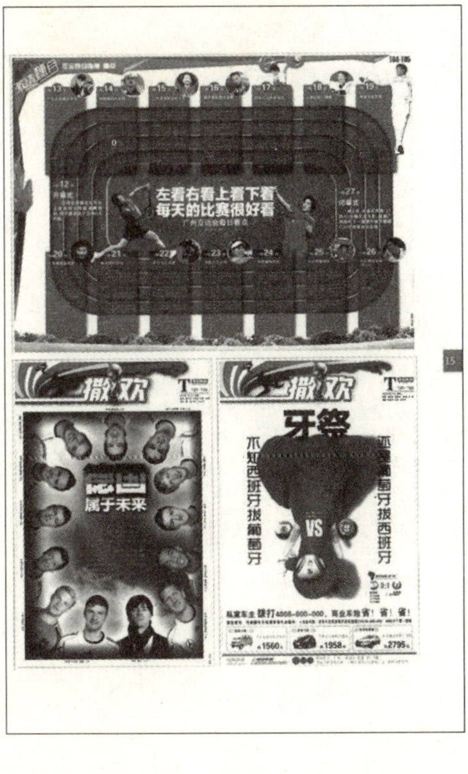

在检视廖小静先生和其他优秀设计师的发展和活动轨迹时，我们不难发现，当下的视觉设计已经进入到一个新型视觉治理的高级阶段，其对报纸、杂志、书籍的产业链条所能产生的影响比过去任何一个时期都要大得多。

首先，新闻设计被视为“战略性构成”已成媒体共识。新闻设计业的专业地位攀高加剧媒体内部资源分配，媒体机构设置的专业化程度空前提高，设计师、信息制图师、插画师、图片编辑以及摄影记者等技术分工得到机制认同，其内部运作模式的国际化程度越来越高。

其次，视觉设计逐步进入内容驱动时代，设计师不仅负责美学优化，更承担内容高效传导的核心功能。也就是说，设计师们身上融入的采写、编辑功能越来越明显，“无内容不设计”是新型视觉治理的核心所在。

第三，新闻设计师群体的职业诉求日趋多元。随着体制机制的演变发展，设计师们的方向感更加清晰和富有远见，除了坚守和提升自己的专业兴趣，对身份转化和职业转向有了前所未有的欲望。

在这样的背景下，中国的报刊设计的国际视野和专业水平有了巨大的变动，行业内部的流派分支有章可循，设计业的各种努力和有益尝试已然催变了当地纸质媒体的格局。

当然，即使这个行当在中国发展已经较迅猛地发育、发酵、发展了十来年，但依然存在着很多问题，有技术层面的，有体制层面的，有诉求层面的，有理想层面的——这些爆炸式的进步和中国式的问题，亟需梳理、总结、规划和展望——这项工作的紧迫性和重要性可想而知，但其工作的繁杂和艰难更令人望而却步。

所幸，《中国新闻设计年鉴》出现了。2011 年，中国第一本新闻设计年度集锦以精到的包装面世。今年冬天，收录中国新闻设计领域 2011 年度代表作的《中国新闻设计年鉴》又如约而至。

从这本书里，我们看到了中国设计师群体可持续发展的动人景象和一些十分值得关注的小趋势：

我们看到中国报纸重新设计的必要性和可能性。2011 年至今，在数字化传媒时代加剧变革的洪流中，国内不仅仍有新报纸出世，诸多老牌报纸也纷纷改版，不仅核心内容重构，更在视觉呈现上着力重新设计。

我们看到一系列新闻视觉设计的走向带来了报纸的品质分化。优秀设计师向优秀媒体集结，优秀媒体呈现出优秀的设计形态，而优质的设计更驱动着优秀媒体走向卓越。勇于变革的媒体这种良性循环值得击节喝彩，但同时也昭示着守旧的媒体还有很多问题需要解决，这里面，观念的束缚最为羁绊也最需要释放。

我们看到旧时的一些短板依然没有补齐。最明显的还是业界长期以来重实践轻理论的局面没有改观。在任何一个领域，理论的力量往往具有强大的指引作用，中国新闻设计的良性发展，需要系统的设计思考方略和综合判断力思维。

（作者系云南都市时报社社长、总编辑）

采写编

采写编

找到一只麻雀

——《传销新“圣地”》系列报道采写手记

□雷磊

雷磊

一

类比于调查，我更愿意将《传销新“圣地”》系列报道（见《南方周末》2012 年 11 月 22 日头版、二版、八版）理解为对日常生活之外灰色地带的观察，是一次窥探人心的尝试。在此期间，这个由谎言建构起来的世界向我展示其模仿并复制真实世界玩法的能力，将一个个普通人吞噬成为体系的一部分；更令我惊骇的是见识了人性在谎言里变得扭曲、丑陋，最终将良知灵魂奉与魔鬼的过程。

这种想法并没有完全呈现在之后刊发的报道中。主稿《传销新“圣地”》着重介绍了传销行业谎言系统的建立及其体系内部的光怪陆离，《一个贺兰，两个世界》则描绘一个沦陷于传销的城市的情状。而对于传销组织如何运作、怎样将一个人洗脑、政府为何打击无力等问题，报道选择了轻轻带过。

对于采访者本身而言，这种取舍意味着极大的痛苦，因为每一方面的信息都得来不易。相信很多记者都有着跟我一样的困扰，都想把所有采访所得都堆进稿子，端出一锅“大杂烩”给读者，心想这是为了让他们吃得丰盛。但就读者的脾性而言，条分缕析、简单明快的信息才是美味。力求全面，却常常与读者习惯南辕北辙，这是应该忌讳的。

幸好，传销作为一个比较陈旧新闻题材的属性很好地解决了这个问题。因其陈旧，所以报道中对于大家所知晓的信息则少有提及，更专注于介绍这个系统“新”的方面。显然，相比于传销的骗术，其内部新的组织结构以及对现实世界的模仿对多数读者而言仍是陌生的。这让写作变得清晰起来，即挑拣那些新事物来写。

困难不仅在此。虽然有新事物，但如果就是传销行业本身，这个线索也许并不值得《南方周末》来大书特书。既然要写，编辑和我在心里都憋着说点儿什么的想法。

在宁夏回族自治区贺兰县聚集的并非传统意义上的传销组织，他们不聚众授课，也不限制人身自由。在这里，传销人员们已经完成了“革命性”的变化，他们通过结合国家政策、截取领导人讲话衍生出一套完备的理论体系，从而完成对成员思想上的控制。

落实到具体操作层面，这里的传销组织宣扬仇富爱国、和谐共赢，利用假的红头文件与《新闻联播》来宣教，拉来了公务人员为体系“护法”满足人们崇拜权力的欲望，建立“党组织”寻求安全感。贺兰县的传销上层人员通过对现实社会运行范式亦步亦趋的模仿，精心地构筑起这个谎言帝国，换句话说，贺兰县的传销组织更像是我们所处现实社会的微缩集纳

SOUTHERN WEEKLY
www.infzm.com

南方周末

2012年11月22日 星期四

他们与中国共度一甲子

新BMW 7系

A4\5版

前行的力量

危险的财富

西班牙『皇帝行动』突袭海外『义乌』

C13

日本大选：
滑向更深的政治失落

F29 方舟评论

反贪腐，须集全党全民之力
重拾传统的人文精神价值

定价3元

暗访传销培训基地贺兰县

传销新“圣地”

A2\8

编者按

在北海、南宁、来宾等传销据点被清理之后，传销者北移至贺兰，将此地发展为培训全国传销骨干的基地。

传销头目鼓吹仇富，渲染“西方经济侵略”，以此增强内部凝聚力；伪造“国家政策”，通过惩戒屏蔽杂音，来维持谎言。

版。

对于以“读懂中国”为宗旨的报纸而言，贺兰的传销组织是只不错的“麻雀”。

所以,从一开始报道的野心就是想操作出一篇向《系统》致敬的文章。编辑和我都被一种强大的使命感所鼓舞，以至于我们都忽视了本文的作者并非写下《系统》的那位前辈。这就像让一个内功不足的初级习武者去修习某门高深武学，在武侠故事中这类尝试的结果常不怎么好。

所以，这其中更多的意义是之于我自身的，整个过程我如同电影《少年 PI 的奇幻漂流》中的派一样经历一个异次元世界的奇幻旅程，在一个陈旧的故事里挑拣并发现令人恐惧的真实。

二

报道最终能够写出发表，需要特别感谢我的实习生习宜豪同学。作为第七届南都奖学金一等奖得主，这个大四的学生对底层社会有着长期的关注。此前的实习中，他接触到不少在贺兰搞传销的受害人，来实习后，他将这个题目报给编辑。

在准备采访的过程中，我看了一些南派传销的资料，并联系中国反传销协会会长等人介绍一些全国传销蔓延形势的知识。11 月 2 日，我就与习宜豪两人到了郑州会合，开始寻找线索。我们的想法是，从受害人入手找故事，顺藤摸瓜进入传销组织内部进行调查。要进入传销组织并不容易，必须得熟识可靠的人介绍。被骗至贺兰县搞传销的 8 成都是河南人，这是选择从河南开始的原因。

很快，一个名为楚广召的大学生进入我们的视野。这个 24 岁的年轻人，曾两度前往贺兰县解救深陷传销的父母，家庭关系也因此闹僵。当时他正读大四，父亲断绝了他的学费和生活费，怀着凄怆绝望的心情，他加入传销组织，希望借此解救出父母，并拿回家中被骗的近 20 万元钱。

后来经过取舍，关于他的采访并没有出现在稿子中，但他对我们介绍了大量贺兰县及其中传销组织的情况，这为我们后来的采访提供了便利，避免了弯路。而更多的受害人则令我们感到迷茫，来自农村的他们都很难表达出完整的故事，甚至都说不清自己是怎样就进去了，只是在我们的面前一遍遍重复：我被骗了。

前期准备让我和宜豪的底气足了一些。坐了近 30 个小时的火车，到了宁夏银川，而贺兰县距银川只有 10 公里路程。在我们的设想中，这个西北的小县城很小，大量的传销人员的存在会使得这里充满了传销的印记，作为两个陌生人出现会很容易被发现，不利于采访。所以先在银川住下，然后前往县城打探。

事实上，贺兰县城比我所见许多中东部的城市更要整洁靓丽，整个县城的规模也偏大。而这里的传销组织，因为有着长期与打击传销人员周旋的经验，他们已经发展出详尽的内部规定，类似于不得5人以上成群出现、不得随意接触外人、不高声喧哗等等。这些规定抹去了传销的痕迹，让他们无声息地潜藏于这座城市。

必须立即改变采访的方式。我们同编辑商量，让宜豪打入传销组织近距离观察，他是河南人便于与传销人员沟通，更重要的是他曾经帮助的一位女士的弟弟是传销组织的上层人员（即报道的主人公蔡志远）。这不仅能通过蔡志远观察整个体系，他的安全也有了一定保障。而我则在外面策应习宜豪，一旦有紧急情况立马报警，并带人前往将习宜豪安全带出来。

为了采访顺利进行，我准备把对政府机关的采访放到最后。后来发现，西北的官员都十分淳朴，当你走进他们办公室后，他们仍然会同你聊一会儿。空余的大量时间，我则去贺兰县城欣兰广场和太阳城小区等传销人员聚集地去“扫街”。清洁工、小贩、租房中介、小学生都成为我采访的对象，我像一个初来的外地人一样，有一搭没一搭跟他们聊着家常。在这些过程

中，我对贺兰县城的了解丰富了起来，这些本地人给我指出了传销人员留下的“马脚”。贺兰县被分裂成两个世界的形象也越来越清晰。

走街串巷的过程里，我发现这个城市的租房广告多得离谱，而这正是理解传销组织存在的关键。在太阳城小区的水果摊贩前，一个老头忽然问我：你加入组织没？这句“黑话”给我的震撼到现在我仍然记得。此后我又常来这里买水果，同这些有着“地下”身份的人们搭讪。那阵子因为吃了太多橘子，我嘴巴都上火了。

三

稿件刊发之后，不少人打电话给我说他们不明白为何那么多人都识不破传销的谎言。

楚广召的经历某种程度上提示了我。这个接受过良好教育的大学生是怀着“解救父母”这个目标加入传销组织的，他非常清晰地了解这其中的骗人把戏。加入组织后不久，他就两次将自己高中同学带到贺兰考察，希望他们“出钱投资”。在他平静的描述中，我感到一种惊心动魄的恐怖，这个痛恨传销的大学生转化成为 个作恶者是如此的自然，而此刻教育、良知都被抛开一边。楚广召说当时他一直在内心骗自己，是希望同学也能挣到钱。

调查
暗访传销培训基地贺兰县 传销新“圣地”

“那些知道谎言的人，并不一定会戳破谎言。”楚广召道破了传销谎言一直有吸引力的原因，他说那些知道谎言的人他们可以继续用这个谎言牟利。他说自己在其中最大的发现，乃是人性的幽暗深不见底，而不幸的是自己也是这样的人。他在坦陈这一切时，平静的神情令人印象深刻。

事后证明，编辑杨继斌为我们制定的这种采访策略是有成效的。宜豪获得了大量传销组织的内幕，足以展现一个黑暗世界的运行状况，而我在外部的采访也足以描绘一座县城的撕裂，并证实“传销组织有党组织”等有关内容。

而拼贴起来，这就是一个谎言的极权系统，每个参与者都是奴隶，是这架“吞钱机器”的一部分。贺兰县传销组织所构筑的谎言迷宫，将难以计数的人哄骗离家乡，跨越过黄土高原和黄河来到西北腹地，在一个精心编制的“淘金”谎言中慷慨解囊，为“体系”所引诱抛出的“胡萝卜”诱引，成为盲目前行的“驴子”。 一颗颗聪明头颅在高强度的系统洗脑中化为一滩血肉。

谎言之后，仍然有一千个谎言在等待。就算是遇到政府打击或者媒体报道，传销组织也有说法可以解释，他们将这一切命名为“宏观调控”。“是国家和媒体在监测我们，让我们淘汰一些不合格的成员，是为了组织更长远的发展”。

而比这种逻辑自洽的谎言更让人恐惧的是，传销参与者们的自我规训和自我暗示。楚广召曾听到新闻播报了一封表扬“大学生志愿服务西部计划”（政府项目，安排应届高校毕业生前往西部政府机构服务）的信后，他激动地想到这真是表扬自己，因为自己也是来西部的一分子。这令他原本坚定的内心也一度动摇。

11 月 21 日报道刊发之后，传销组织的头目们曾致电宜豪，痛斥他不讲情义报道了他们的“生意”。宜豪告诉我，这些人的愤怒令他有些尴尬，情急之下他辩解说自己是媒体派来“调控”他们的。之后，他听到电话那头长久的沉默。

在为他机智的回答雷倒的同时，我也感到悲哀。一瞬间，灰色奇幻世界的一切就这么陡然和现实混作一团，真假难辨了。

（作者系南方周末记者）

一篇报道与一个时代典型的诞生

□毕式明　袁丁

毕式明

2012年11月30日，《南方日报》独家首发《扶贫路上发出的最后一条短信》报道，迅速成为社会各界关注的焦点。稿件见报当天，中共中央政治局委员、广东省委书记汪洋高度重视并当即批示，中共广东省委授予郭建南“广东省优秀共产党员”荣誉称号并号召全省广大党员向其学习，其后广东省委宣传部组织全省新闻媒体深入采访郭建南事迹，并掀起大规模的报道热潮，在省内外引起强烈反响，郭建南成为在平凡工作岗位上勤奋工作的新时代典型。

无疑，“郭建南”这个典型的诞生首先是因为其自身蕴含的“力量”，但在其成为典型的过程中，《南方日报》的独家报道是最大的“引爆器”。回首这篇报道的采写过程，有些心得值得与大家分享。

好的题材绝不能错过

2012年11月28日15时50分，笔者接到阳西新闻秘书吴德的电话，称该县有一位扶贫干部去世了，在得知死亡原因是在办公桌前辞世的消息后，笔者意识到这是一个好题材，一刻也没有停留，在向部门值班领导做了汇报后，立刻放下手头正在进行的采访，往阳西县程村镇荔潭村飞奔。

新闻线索有了，但刊发的过程并不顺利。中间当地有关部门一再打招呼希望不报道该事件，或者晚些再报。当地的主要理由有三：报道出去会否影响他们的扶贫考评；家属的善后工作还没处理好；扶贫干部是广州的，在善后工作没处理好的情况下没法向广州工作组交代。

基于对题材意义的判断，针对当地的阻拦，笔者阐明了自己的看法：其一，作为一个扶贫干部倒在工作岗位上，本身事迹很感人，我们的报道对逝者是一个很好的安慰；其二，该事迹报道后，不但不会影响当地的考评，只会给他们的工作加分；其三，报道见报后，引起各方重视，对做好家属工作、广州工作队的协调都会有利。

经过衡量，笔者意识到如果尊重当地的意见，一种可能是被其它媒体抢先报道；另外一种可能是不报道此事，而且事情拖得越久，新闻的时效性就越差，这显然不能接受的。稿件还是于30日见报了。事态接下来的发展也证明了当初的判断，对家属、对扶贫工作，都起着良好的推动作用。

平凡的人和事更能打动人

没有什么丰功伟绩，也没有什么豪言壮语，郭建南只是一名普普通通的企业职工、一个朴实的驻村干部，不善言辞、任劳任怨的一个小人物，他的去世，是一个偶然事件，这值得报道吗？我们为什么要大张旗鼓地宣传他？

其实纵观一年来我们对“托举哥”、廖乐年等典型的报道，他们其实都是小

广东 社情 A12

扶贫路上发出最后一条短信

广州派驻阳西荔潭村干部郭建南办公桌前辞世

83岁老人胃检突然死亡

外媒老总越洋追捧《今日广东》

加拿大商报索取繁体字版面全球出报

涉案民警在做精神鉴定

江鹤高速追尾2死1伤

西藏3患儿广州心脏手术成功

新丰涉铅工厂被停止供电

借为顾客埋单克隆银行卡

11月平均日照25年最少

人物，他们所做的事情也都不是感天动地的大事，但正是因为他们平凡的举动，蕴含着时代对“真、善、美”的呼唤，也更容易打动人。我们一直在报道广东精神，我们一直在寻找广东好人，而郭建南不正是这样的身边好人吗？

从另外一个层面讲，郭建南正在从事的事业，是一项极不平凡的事业。“最富在广东，最穷也在广东”，针对区域发展不平衡、城乡和贫富差距不断拉大等问题，2009年，广东省委、省政府启动了“规划到户，责任到人”的一场扶贫开发攻坚战，3年来，在全省3407个贫困村，上万名扶贫干部用他们的辛勤和汗水，改变着这些山村的面貌。作为第一个牺牲在工作岗位上的驻村干部，作为一名优秀的共产党员，郭建南是千万个扶贫干部的缩影。

南方日报
高度决定影响力
汪洋慰问因公殉职的扶贫干部郭建南家属
为人民利益而牺牲，重于泰山
省市领导和亲朋好友、同事工友昨送别郭建南——
他干工作从不讨价还价
学习贯彻十八大精神
省委追授郭建南省优秀党员称号
沿着复兴路 共筑中国梦
——复兴之路启示之三
生态文明重践行
广东干部群众热议习近平参观《复兴之路》展览重要讲话
不骄不躁 紧抓改革良机
江门全民共享特色“生态产品”

而通过对当地村民、扶贫办、镇村领导等等的采访，郭建南为了扶贫事业可以说是倾尽了心血：经常是一天只睡五六个小时，对工作要求尽善尽美绝不打折扣，他的努力在改变着荔潭村的同时，也得到了当地的广泛认可和好评。正是基于以上认识，我认识到郭建南所做的事情，值得好好宣传和报道。

也许，汪洋书记对郭建南的评价是对这个典型最好的阐释：为了贯彻落实省委、省政府扶贫“双到”战略，缩小广东区域发展差距，让更多山区群众过上好日子，郭建南同志无私奉献，尽职履职，因工作过度劳累，倒在了工作岗位上。郭建南同志是为人民利益而牺牲的，他的死比泰山还重。

用故事和细节去感染人

一个普通的扶贫干部，所做的事情有很多都是细小、琐碎，怎样才能把这个人物背后蕴含的东西提炼出来并被大众所认可？报社领导和一些前辈一再告诫我们，好的报道是靠细节感染人的。

深入荔潭村后，虽然时间紧迫，但笔者还是短时间内采访到了尽可能多的采访对象，包括村民、镇村干部、同事、家人等等。在掌握了郭建南所做的扶贫事业的概况后，笔者特别注意对一些细节的挖掘，去世当天郭建南都做了什么事情？去世时是什么样子？生活中、工作中，郭建南到底是一个什么样的人？一起共事，有没有工作的争吵？他在帮助别人时，哪些事情令人感动？具体到一些工作方案，当时是如何讨论的……

通过对上述问题的发问，一些感人的细节也逐渐浮出水面：去世当天郭建南一直在工作，陪同广重集团领导考察了扶贫项目后，郭建南便一直在修改方案，晚上还与程村镇副镇长吴认友一起在办公室兼宿舍一起讨论工作，并发短信与荔潭村支书交流工作情况；三个扶贫干部住在一起，郭建南对年轻的同志很关照，都是他做饭、洗碗；对工作一丝不苟，经常工作到深夜两三点，第二天七点半又准时起床；一个个扶贫项目正生根、发芽，当地群众都很感念他的付出……

有了上述扎实的材料，因此在写作稿件时笔者基本上是一气呵成，一个小

南方日報
国家计生委发布通知精简群众办理计生证件时所需材料
流动人口可就地办准生证
今日关注
广东1600万外省流动人口受惠
外来工纷纷表示欢迎："今后可以省事多了"
2012中国（广州）国际纪录片节开幕，组委会首次推出"金红棉奖"
《舌尖上的中国》获评审团大奖
健康中国高峰论坛举行
学习郭建南事迹 帮扶郭建南家属
阳西掀学郭建南事迹热潮
空谈误国 实干兴邦
——复兴之路启示之四

时多一点的时间就将稿件写出来，加上编辑的慧眼，成功提炼出“扶贫路上发出的最后一条短信”这一标题。好的标题加上细节的呈现，因此稿件也就有了打动人的力量，也才能得到广泛的关注。

典型报道的产生有其偶然性，幸运的是，面对好的题材，我们没有错过，因为我们的敏锐判断，因为我们的坚持。固然，当初的报道对郭建南的事迹还有很多没有挖掘出来，稿件的写作因为时间关系也比较粗糙，但是有了这篇报道的引爆，引发全社会的关注，乃至各级党组织对郭建南的高度认可并授予各种荣誉称号，后续大规模的采访也才启动，从这个意义上来说，这篇报道作为一个“引爆器”已经足够。

（作者系南方日报记者）

做好对外传播的三点思考

□林旭娜

林旭娜

改革开放以来，中国在经济上取得的成绩为世界瞩目，令人遗憾的是，几十年来，中国的国际形象没有得以相应的“刷新”。承担起对外传播功能的有关方面虽投入了大量的人力、财力，但客观上没有起到讲好中国故事的作用。

以此为背景，作为对外传播主渠道之一的对外新闻报道，具有无限的可能性和发展潜力，所以，对传统媒体而言，对外传播无疑也是一种机遇。一方面，新的时代大门正慢慢打开，中国媒体人比过去更可能真正参与到国际化的报道中，另一方面，中国也比过去更需要让自己得到世界的了解和理解。

然而，传统媒体又不得不正视从理论积累到方法论上均十分落后的现实，必须在实践中学会克服困惑与回应挑战。

传播首先是一种对话，而对话往往需要一个前提，即当事者走出幕后，表达自己，或聆听对方。但是，他们之间的信息流动不是线形恒定，而是不断弯曲、消弭或放大甚至“谣变”的。对传播者而言，只有当他和受者在碰撞中找到共享的基础，他们之间的对话和信任才缓慢呈现。

正因如此，自 2010 年 4 月创办以来，南方日报海外版无论在运作理念还是具体新闻产品的生产上，都在竭力寻找更好的传播方式。这篇文章是这种尝试的一点思考。

从面目不清到有个性具体的人

莫里斯·列维在他的著作《传播学的100个术语》中，解释词条“焦虑”时表达过一个意思：受众从来都不表现为一种无别于众多模糊面孔的存在，相反，他们表现为一种唯一的存在，一种具有个性和心理特征的实体。作为法国最大的广告与传播集团的总裁，尽管莫里斯·列维主要针对广告传播而言，但对于新闻传播，同样适用。

只有当传播过程中，受者始终处于心理拒绝状态或非自愿接受时，受众才会成为不可捉摸的存在，因不可驯服而具有敌意，因难以理解而不具有预测性。相对应地，传者会极端恐惧这种模糊和不确定性，背离受者或讨好受者都会成为灾难。所以，在他决定成为传播主体时，很容易经历着自我背叛而又不被理解的双重焦虑。

“人”的确立，将成为对外传播必须解决的第一个问题。

以南方日报海外版最重要的新闻产品《南粤侨情》新闻版为例，创版前，南方日报海外版编辑部与合作方星岛日报海外版编辑部磋商和磨合最多的地方是报道的定位，即为什么样的人，提供哪种形式的报道。

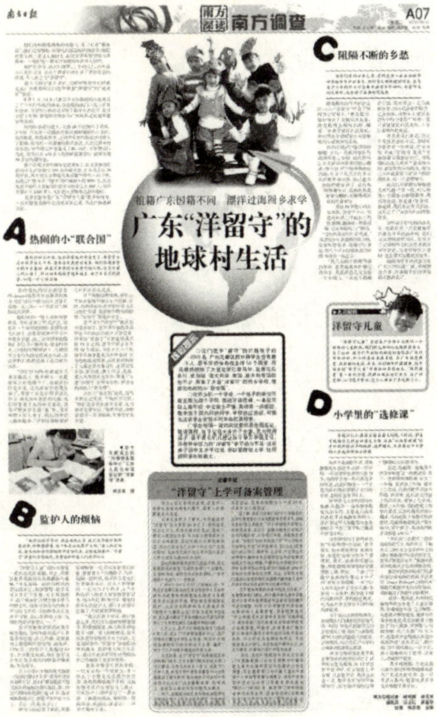
南方日报
南方深读 南方调查
A07
C 阻隔不断的乡愁
祖籍广东国籍不同 漂洋过海回乡求学
广东“洋留守”的地球村生活
A 热闹的小“联合国”
洋留守儿童
D 小学里的“选修课”
“洋留守”上学可备案管理
B 监护人的烦恼

让海外受众从以往的面目模糊到将之具体为有个性有需求的人去认识，是确保精准定位的前提。

最终，两个清晰的指向被勾画出来。

第一个清晰的指向是，将读者锁定为侨居海外的广东籍新老华侨、华人，尤其是紧跟新移民和新生代华人的需求，而非泛泛地将所有海外读者囊括，并通过与南方日报的“海外版视窗”栏目互动，吸引关心广东、居住在广东且懂中文的外国人和华侨读者。

第二个指向是内容必须具有价值并被认同，即将传者与受者的共识作为信息选择标准，而非一味灌输。

在信息爆炸时代，选择什么作为自己的报道内容是传统媒体最重要的课题，即使是同一个新闻事件，视野和角度的不同，也将呈现出迥异的传播效果。所以，要用海外读者的眼光确定选题，以国际化的视角看待新闻现象，用世界的语言讲述故事，同时发挥广东媒体基地的作用，服务海外侨胞，进而达到内地纸媒“走出去”和传播广东形象的目标。

在这两个大指向下，独特的“三性一味”成为衡量具体报道的标准：即专题性、实用性、可读性和侨味。

专题性是为了保证每一个选题都摆脱碎片化传播的问题，可以让读者在每次阅读时都有一个较为完整、丰满的印象，加上《南粤侨情》每周一期，也不适宜做零碎报道。

可读性是指理念上，采用淡化传播者主体色彩，力求客观公正的表达方式，遵循更具普遍价值的话语体系，写作上，力求形象的“肉感写作”与凝炼的“骨感写作”相结合。

有用性和侨味是指每一个专题都力求与海外读者的实际需要结合起来，这种结合，甚至是侨胞觉得“关我事”，而不仅仅是“关我心”。这样一来，报道就完全摆脱了以往那种“虚对虚”的思想教育式外宣和直接的意识形态输出，首先是一种信息服务，其次是一种人文产品。

所以，在每期报道中，我们确保了内容的服务性。如《广东“洋留守”的地球村生活》专题，通过研究居留政策，提出建设性意见，推动华侨子女留学国内的相关政策出台，实现了对外报道的实际效应，很多海外侨领纷纷联系侨务部门和编辑部表示感谢。

寻找传播主体和受众的共识

因为时空差别，国内的传者和国外的受者，天然地有不同的倾向和渴求，而同为关心中国的分散主体，他们又天然地具有兼容性。而这就是对外传播的共识基础，是传者和受者对话的基础。

新闻往往关注事，而疏离或忽视事件背后的人，没有人或只有抽象之人的新闻，常流于单薄。知名调查记者卢跃刚就认为，新闻事件是社会的、

侨报
今日广东
他22岁参加远征军入缅作战 90岁终于回到故乡
老兵回家走了70年
回家是老兵最庄重的守候
战友才是“大老婆”
太太三姐妹都嫁远征军

南方调查
A08
新会三千义冢
苦等保护方案
百年“华侨千人墓”藏身医院

历史的、更是人的。一个立体的人，有情感，有心理动机，他的一系列行为才构成为社会事件。新闻不是文学，但需要有关注人和人命运的文学眼光。

对外报道中，在对新闻事件、新闻主角的再现过程中，呈现人的命运、人性和人味尤为重要，尤其当传播对象是你寻求共识、对祖居地新闻有着天然关注的海外华侨、华人时，作品中的“人”，会成为决定报道传播力强弱的重要标准。

2011年9月，阔别中国70载、滞留缅甸超过半世纪的远征军老兵杨剑达历经各种困难，终于得以回老家广东梅县探亲。

通过与杨剑达3个半小时的对话，并采访他的兄弟、姐妹、外甥等亲属，记者掌握了大量生动的细节和热辣的观点，因为各种原因，中国读者不甚熟悉的远征军老兵形象渐渐丰满起来，十万青年十万军的宏大叙事与个体在特殊年代下被命运肆意践踏的遭遇强烈对照令人唏嘘，而杨坚达等流落国外的老兵每分每秒的苦难和一生的坚忍不拔令人动容。

这是一个大时代背景下的经典题材，既具有历史价值，又具有新闻价值，是南方日报及其海外版第一次以深度报道形式聚焦远征军这一特殊群体，以不同写法在南方日报和海外版前后推出后，引起了一股“杨剑达旋风”。

尤其是在南方日报海外版和星岛日报海外版联合编制的《南粤侨情》上连续推出两期两个整版并经美国侨报网、星岛环球网、中新网、中国台湾网、国际在线、环球网等转载后，引起海内外巨大反响。星岛日报海外版总编辑邝景廉致电记者，给予这篇报道很高评价，杨剑达海外的女儿和在梅州的外甥分别打来电话表达谢意，希望我们进一步关注远征军老兵的群体。

难得的是，这一曾经“敏感”的题材，不但获得海外读者的喜爱，还获得第二十二届中国新闻奖（国际传播）一等奖，说明了在寻找共识的基础上，对外传播没有天然屏障，对外传播从来都不脱离一般的传播规律，而中国故事也没有游离于传播规律之外。

回过头看，这一案例之所以能受到关注、影响较为广泛，除了尊重新闻规律，在文本和编辑手法上精心打磨外，主要有两大特点。

首先是选题视野上宽广，采编过程扎根南粤，传播过程紧扣国际主流。南方日报海外版创版两年多来，一直以中国立场、广东故事、海外传播为根本原则，在放眼全球的视野下，紧扣广东特色挖掘选题是其第一要点。

其次，不脱离大时代脉搏，敏锐把握时代主流价值。远征军老兵群体在中国媒体上曾经是一个“隐形的群体”，近两年来，随着互联网的发展、影视剧的放开和民间的推动，远征军群体逐渐走进普通公众视野。而在国外，侨胞一直持续着对远征军群体的高关注度，中国舆论对其态度的转变和中国“关爱老兵”等行动的勃发，是海外读者所喜闻乐见的。

报道刊发后一个月，杨剑达在缅甸去世。所以说，该报道不仅是一次新闻发掘，还是一次抢救，对远征军历史的抢救；是一次救赎，对我们自己心灵的救赎；更是一次致敬，向所有被时代践踏、污辱、伤害的人的致敬。这种行动和情感，也是传者与受者的共识。

当然，由于在选题过程中追求精准定位，

B08 南粤侨情
SINGTAO DAILY
立誓不嫁自謀獨立 少小出洋老大返鄉
自梳女曾是南洋最好媽姐
當時的新加坡鼓勵女子移民
跨越海峽的堅持
燕姑太帶大李光耀三個兒女
青年女子創梳起儀式
南洋生活豐簡自足

AXX 南粵僑情

星島日報 SINGTAO DAILY

捐款管理透明 捐助人才放心

僑捐安全備受矚目

開平僑捐學校管理問題最突出

廣東僑捐管理近兩年零投訴

捐贈人可直接檢查僑捐專案

零管理費 服務僑捐

置換挂牌 新樓換舊樓

A08 南粵僑情

星島日報 SINGTAO DAILY

十年鄉村義教 改變孩子命運

義教十載 山鄉成「英語村」

廖樂年獲「2011南方·華人慈善盛典」獎

循著童年背熟的地址找到故鄉

農村主婦也來學英語

廖樂年支教年表

「洋教」加盟義教團隊

鄉村女孩雅思考了6分

自我设定的框框多，选题难度极大，但也正因如此，才使对外传播的“枪口”不跑偏，在传播中承受住了海外市场的考验，也发挥了很好的传播效果，令侨胞眼中的祖居地形象立体、生动起来。

以严格的调查性报道突破“通而不受”

按照对外传播的定义来检验，中国与发达国家在国际传播能力上有明显的差距，而其中最大的差距体现在传播理念障碍和文化差异障碍，由此导致传播手段失效或低效，最终的结果是中国对外传播有效性差，最普遍的两种类型是通而不受和传而不通。

在对外传播中，严格、专业的自我要求，应该视为美德。由此就不难理解，为什么南方日报海外版偏爱调查性报道这一形式。

选择这种报道形式有四个方面的好处：首先，它对选题有特定的要求，如果一个题材既符合作深度报道的要求，又符合海外读者需求，那么一定有新闻价值，而新闻永远是一个媒体稳居市场、赢得受众的关键。

其次，只要符合上一条标准的选择，并落实到位，就一定可以通过扎实采写，经营成可读性很强的新闻报道。

第三，用整版甚至两个版的篇幅来经营海外读者关注的话题，更容易在每一次传播行为中，使传播力达到最大化，优于零碎、不定时的分散报道。

第四，我国纸媒在以往的对外传播中，保证 100% 原创的先例还不多见，如多个省份的外宣老品牌“今日”系列，均靠选用省内媒体公开见报的稿件。再如《人民日报海外版》，较多的稿件都采用主报记者和新华社稿，专门针对海外版的采编力量并不强。如《人民日报海外版》2007年、2008年两年中的头版报道中，仅采用新华社的稿件即达589篇，占比超过6成。

海外版的拳头产品《南粤侨情》从创版开始就采用调查类报道方式，正是出于以上四个方面的考虑。

今天，调查性报道已经司空见惯，它并不是新生事物，而是因为其与对外报道有机融合，才成为创新之举，但已经显示出与“对外宣传”完全不同的相对优势。创版两年来，《南粤侨情》的选题已两次获中国新闻奖、两次获广东新闻奖，海外读者和媒体的跟进，也显示出传播力。

从去年底至今年初，南方日报海外版率先挖掘、推出的马来西亚华人廖乐年回梅州山区义教10年的故事推出后，马来西亚最大媒体星洲日报的编辑即联系笔者，希望翻译这批系列报道，刊登到星洲网。

可以说，调查性报道是一种适合走进海外读者内心的对外传播方式；而读者的主动互动，也可以促进对外传播的健康发展。

（作者系南方日报记者）

学者视窗

学者视窗

从网络舆情角度看深度报道

□沈阳 付小苏

沈阳

目前，国内学界对深度报道的研究呈现出逐步上升的态势，如图 1 可见，中国知网以“深度报道”为关键词的文献数量从 2003 年至 2010 年一直持续增长，对这些文献进行内容分析，可以发现目前国内对深度报道的研究主要集中于以下几个方面：历史回顾、载体研究、栏目板块的研究、事件案例的研究、题材分类、报道形式、写作方式、比较研究等。

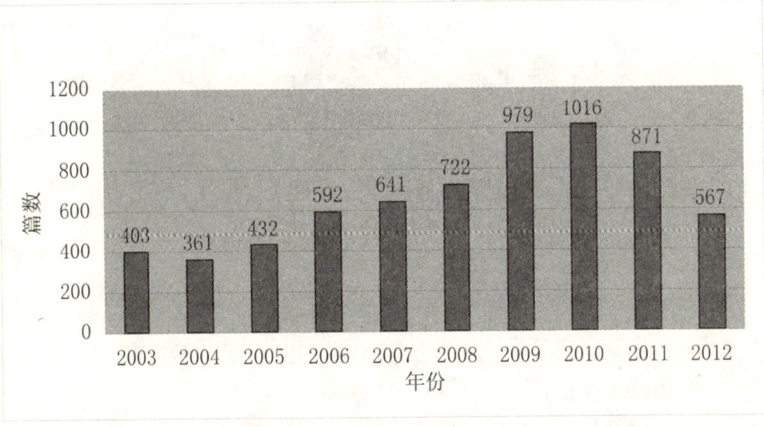

图 1　2003-2012 中国知网收录以“深度报道”为关键词的文献数量

网络舆情为深度报道带来了哪些新的视角？它与深度报道有怎样的内在关系？目前鲜有人研究。深度报道的时效性本身弱于其他的新闻报道方式，而社交媒体等自媒体的迅猛发展使得时效性成为深度报道更为困难追求的目标，许多媒体人已经认识到，更深刻更专业更权威更全面才是深度报道今后的发展方向；而跟踪新闻事件碎片化节点式的发展过程逐渐成为舆情分析这个新兴领域的重要工作。在这样的背景下，从舆情分析角度研究深度报道倒有些值得探讨的话题。

一、新闻报道与社交媒体

社交媒体为新闻记者提供了开拓思维的广阔视野，极大地丰富了新闻人的信息来源，曾经闹得满城风雨的郭美美事件、合肥少女毁容案等，最早都是在社交媒体曝光的，而近期越来越多的网络爆料也开始切入热门话题中，例如，最近朱瑞峰、纪许光在微博上实名举报重庆北碚区委书记雷政富的事件。另一方面，社交媒体每天产生海量信息，新闻人凭借自身的职业素养对舆情具有敏锐的洞察力和辨识力，另外凭借自身的专业知识和媒体经验，新闻人能从更犀利的视角对舆情进行准确的把握，极容易成为社交媒体中的意见领袖。分析 250 个意见领袖（由武汉大学互联网科学研究中心整理）所属行业构成，发现传媒界意见领袖有 97 个，占比为 38.8%，所占比例最大，其中也包括许多知名记者。

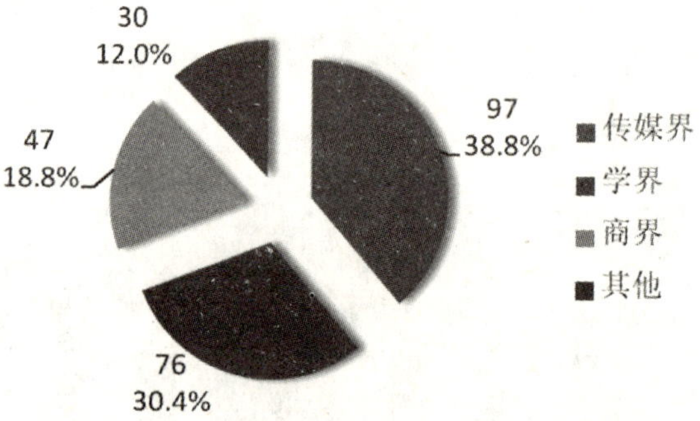

图 2　250 个意见领袖行业领域构成

在许多舆情事件中迫切需要新闻记者能够熟练地应用社交网络，武汉关山建行爆炸案中，有网友透露，爆炸案发生时，他立刻派出拍客到外面进行拍摄，然后把拍摄资料上传到网站上。不难看出，社交媒体环境下现场的信息发布力量正在急速上升，在这种状况下，深度报道记者也需要更加熟练地使用这些工具，包括微博、微信以及微信中的一些插件等。

当然，“混迹”于社交网络，新闻记者要格外注意新闻的真实性问题，在网传、网曝未经核实之前尽量避免报道。《新京报》记者 @ 冯军槐溪先生微博质疑 @ 纪许光在未核实的情况下将相关爆料资料高调公开，有炒作之嫌。从舆情角度看，“爆料者被爆料”是舆论场中比较常见的现象。但从新闻报道角度看，记者在未核查信息真实性的情况下不应以传统正式渠道传播信息。

近期，新华社《中国网事》采取了一种新的报道形式——微博采访团。联系社交媒体中的意见领袖和微博达人参与到新闻报道过程中，这种模式可能成为今后传统媒体整合网络人士的新的新闻报道模式。

二、深度报道与网络舆情

1. 敏锐的深度报道多取材于舆情常爆发的社会领域

我们对《中国青年报》2012 年 1 月 1 日—11 月 21 日“冰点特稿”及“特别报道”这两个深度报道栏目的 335 篇报道进行了内容分析和标注。可以发现，《中国青年报》深度报道主要集中于行政司法和教育科学领域；并将视线聚焦于这样几个话题：公务员考试、测评包括高校招生、评职称等竞争背后的黑幕，机构行骗、文化造假、学术抄袭以及假证假药等社会“假”象，农村、个体户等弱势群体生存状况，考研、奥赛等考试泄题等等。这些话题都是目前社会面临的比较突出和尖锐的问题，由此我们可以看到，敏锐的深度报道常集中于矛盾尖锐的社会领域，也是舆情常爆发的领域。

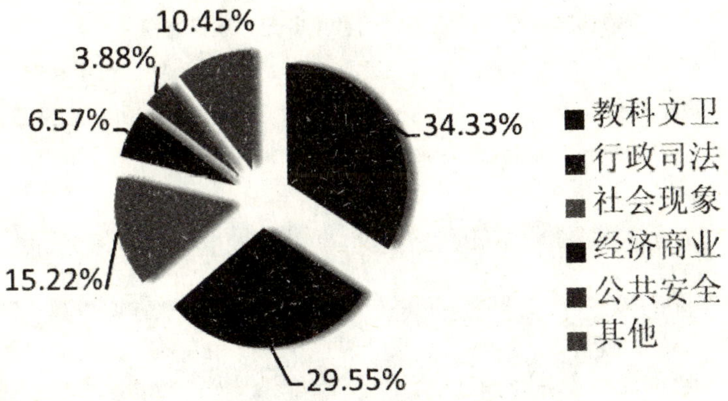

图 3 《中国青年报》深度报道内容分类

“冰点特稿”是《中国青年报》具有鲜明特色的一个深度报道栏目，坚持采用类似民族志（一种社会学研究方法）的调查和写作手法，记录社会变革背后难以为人察觉的嬗变，关注在社会进步过程中被忽略被漠视的少数群体的利益。根据标注分析发现“冰点特稿”特别注重用深描的手法描画中国社会底层的弱势群体，如农村、个体户、小丑等的生存现状，在多篇报道中都触及目前中国农村青年外出务工导致的农村青年流失、留守儿童和留守老人等社会问题。“农历正月还没过完，沁水县野鹿村里已经找不到一丝过年的气息。一些人家大门上的春联已脱落。还有一些人家，人早早跑到外地打工了，紧闭的大门前被风卷来一团团杂物”。即使在多篇其他主题的报道中，这样描绘农村凄清场景的语言也反复出现，极具感染力。

据此，我们很容易联想到近期引发中国社会震痛的毕节五流浪儿闷死垃圾箱事件。突发舆情有其偶然性，有意见领袖提到如果给毕节流浪儿拍照的人及时扩散，悲剧可能不会发生；但舆情爆发必有其必然性，《中国青年报》对相关社会问题的持续关注说明问题是早已存在的，但矛盾日积月累不断膨胀，当毕节事件爆发时政府和社会的视线才聚焦到留守儿童、外出务工人员身上，即使毕节悲剧侥幸避免了，也难以保证下一个毕节悲剧不会发生。

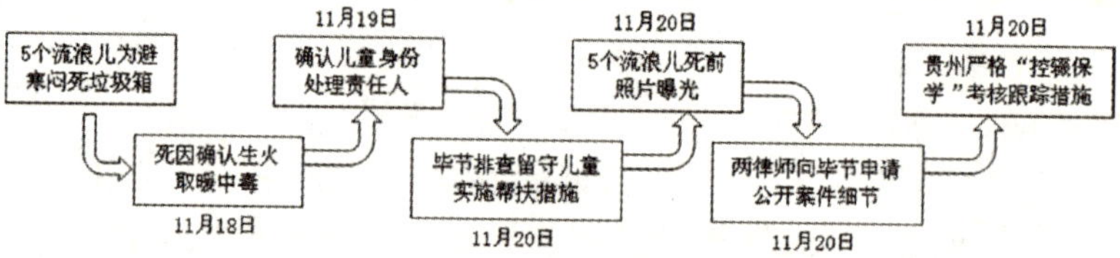

图 4　毕节事件舆情演进过程

2. 深度报道难以呈现网络舆情的意见多元、观点碰撞

在毕节事件的发展过程中，《新京报》较早对该事件进行了报道，该微博覆盖人次达到了 1500 多万次。随后引发了其他媒体的跟进，从 20 日开始，外媒也针对该事件发表评论。

表 1　外媒对毕节事件的评论

时间	新闻媒体	标题
11月20日	西班牙埃菲社	流浪儿童救助体系亟待完善
11月20日	阿根廷《消息报》	中国的无名氏
11月21日	美国《侨报》	谁来为年幼的生命负责
11月21日	新加坡《联合早报》	请在天堂和卖火柴的小女孩团聚时宽恕我们
11月22日	日本《日本新华侨报》	中国民众需要更多地真善“管闲事”

另外，我们抓取了 250 个意见领袖对该事件的评论 460 条，经过梳理得到表 2。从表 2 中不难看出，意见领袖的论点集中在多个方面，包括多个子话题，对事件背后原因的寻找也包括户籍制度、计划生育、社会分配制度等多个方面，更不乏相互冲突的意见争执。

意见领袖、主流媒体通过微博写段子、发布微时评，网友创作漫画、改编歌曲，受众采用多种形式多个渠道表达自我，这是网络舆情较于深度报道的一大特点：意见多元，观点碰撞。而这是深度报道难以呈现出来的内容。

表 2　意见领袖观点

序	主要观点	意见领袖代表
1	肯定中国减贫成绩，继续加码民生投入	@胡锡进
2	天朝政府悲惨世界	@于建嵘
3	严重关注爆料人@公民李元龙被警方带走，号召援助	@袁裕来律师
4	对比国内凄惨现实和政府援助他国行为	@落魄书生周筱赟
5	引发对毕节政府豪华大楼等话题	@刘向南
6	新闻自由	@旁观者马勇
7	质问社会制度，事件背后的诱因寻找	@叶匡政
8	肯定毕节排查留守儿童行为	@卓越兄
9	指责监护人失责、拍照者没有及时救助	@彭晓芸
10	关注留守儿童，街头流浪者	@点子正
11	发起社会公益行动	@色色猴

3. 深度报道矫正网络舆情发展轨道，弥补时效性不足的缺陷

《中国青年报》“特别报道”栏目采用常用的报道方式，比如连续性、调查性，偶尔采用组合式和系列式进行报道，内容更集中于热点事件，其中也包括突发舆情，例如 11 月 21 日的“特别报道”集中报道了近期比较热的三个舆情事件：毕节流浪儿闷死垃圾箱、青岛女大学生陪老师喝酒坠亡和大学生村官任建宇恢复自由。以此为例，我们分析了 18 日到 21 日三个话题在微博上的热度变化，如图 5。

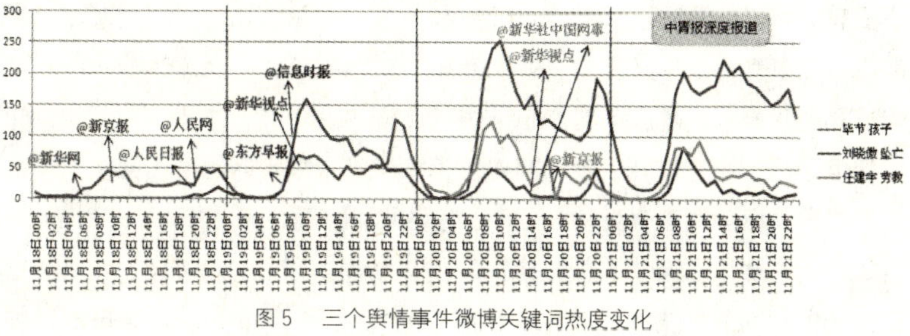

图 5　三个舆情事件微博关键词热度变化

图 5 中可以看出，主流媒体微博账号在舆情萌芽期已经开始跟进，《中国青年报》在 21 日对事件进行报道时，事件已经快要转入舆情沉淀期。时效性，在自媒体时代，公众媒体再难以企及的。但微博的跟进报道只能呈现碎片化的信息，微时评也只能点到即止。在舆情事件进展到后期仍然需要公众媒体的深入剖析，宏观把握。深入深刻专业全面，这是自媒体无法达到的。

同时在药家鑫案、夏俊峰案中，我们都可以发现舆情很容易受到民意的绑架，导致舆情常常朝着不可控的方向发展，脱离原来正常的良性的轨道。但深度报道依靠新闻报道者自身的新闻理性和专业素养，能够独立于民意（可能是虚假民意）进行理性表达，矫正可能被民意表达扭曲的网络舆情的发展轨道。

“冰点特稿”偏向于对舆情隐患和社会痼疾进行持续地日常化关注，而“特别报道”偏向于对热点新闻的追踪分析;从舆情角度看，“冰点特稿”侧重于舆情潜伏期的观察，而“特别报道”侧重于舆情沉淀期的分析。

三、深度报道的民意视角

纵观整个舆论场，不难发现中国正在转向民意政治，向民主政治进发。

今年 10 月，两名 90 后在复旦大学门口以踩跷跷板的方式抗议教育不公，他们所戴的面具是电影《V 字仇杀队》里象征反强权的面具，踩的跷跷板代表一个稳定的、失衡的不均衡，被踩起来的一端是“知识不是力量”，被踩下去的一端是“户籍才有重量”，以此讽刺高考户籍限制。这是来自年轻人的民意表达。

今年国庆舆情一个比较重要的特点是，中产阶级开始在舆论场中发出声音，在国庆期间被堵在高速公路上，被困在山上……旅游体验非常糟糕，这种糟糕的体验反映到舆论场中成为这一阶层的声音表达。

因此，大数据时代的深度报道，既要提倡人文关怀，又要有客观理性；既要有个体事件的观察，又要对现象和规律进行总结。对于深度报道记者来说，原来有专业主义视角、体制视角、自我视角，在民意逐渐向行动转变的社会背景下，还应该增加一个民意视角。

但是网络中存在着大量的商业营销大号、水军等，网络民意并不一定代表真实民意。民意有真伪之分，还有线上和线下之分、内隐和外显之分。例如“哈尔滨杀医案”当天，人民网的该新闻报道后，有 6161 人表达了看完这条新闻后的情绪，其中表示高兴的竟然有 4018 人。不难看出，民意在某种程度上受到我们构建出来的拟态环境非常大的影响。

报道者从民意视角进行深度报道的采访、调查和写作时，要能够避免民意的恶觉、幻觉，做到民意的自觉，在某种程度上，经过深度报道专业的深刻的挖掘，能够实现民意的先觉。如此才能体察民意，还原社会真实的意见构成。

（作者沈阳系武汉大学信息管理学院、新闻与传播学院教授、博导，付小苏系武汉大学信息管理学院硕士研究生）

参考文献：

叶艳芳：《民族志方法对深度报道的示范意义——以1998-2010年〈中国青年报〉〈冰点〉特稿为例》，《新闻世界》2010年第10期。

记者的社会担当和自我期待

——2012年度中国记者执业热点事件回顾与评析

□吴锋

吴锋

据中国记协统计，目前全国约70万新闻工作者，在报纸、期刊、广电、网络或其他媒体从事新闻采访、编辑、评论、摄影、主持人或管理工作。记者的执业规范及角色性质历来是各界关注的焦点。按照米德的“角色”理论，每个人都扮演着某种角色，社会关系的复杂性决定了扮演角色的多样性，是故每个人都生活在“角色丛”中。[①]依角色的性质可以把记者扮演的角色分为两类：一是“被社会期待的角色”，强调遵循社会价值规范和伦理道德标准，凸显记者执业活动的“利他”取向，反映的是社会赋予记者的担当与使命；二是“自我期待的角色”，强调记者合理需要的满足及执业权利的维护，凸显记者执业的“利己”取向，反映的是记者的利益表达与权利维护诉求。与此相应，记者执业活动的维生系统包含两种机制（基于外部视角的社会控制与规范机制和基于内部视角的利益表达与维护机制），两者间的信息互动、能量交换及某种程度上妥协或均衡就成为新闻业可持续发展的动力机制。

本文从这两个视角出发对截至2012年11月间我国记者执业活动中的热点事件进行回顾与评析。

一、社会担当视野下记者执业热点事件回顾

在社会担当视野下审视记者的执业活动，就是要记者超越一己私利，

站在社会整体利益视角，谨慎行使社会赋予的神圣权利，遵守新闻执业活动的基本规范，最主要的内容包括：在采访中尊重采访对象；使用诚实的采访手段；在非敌对报道中不使用明显的侮辱性词语；执业活动中坚守中立，不介入新闻事件中的利益纠葛；在执业活动中释放正能量，凸显人文关怀。但本年度中，记者在这些规范上出现了诸多失误。

1. 央视记者“钓鱼采访”事件

依据各国新闻界的共识，记者的采访活动一般应坚守诚实守信、程序适当、合理合法和善良之心的信条，但一些记者为了追求轰动效应，出现违背常规的钓鱼采访现象。钓鱼采访亦称“圈套采访”，即为了记者通过设置某种特殊圈套或体验式情境，以验证某种结论、达到某种特殊采访效果的活动。2012 年 7 月 29 日，央视《焦点访谈》播出《男科门诊的秘密》，报道中有央视记者精心设计的一个“圈套”：在尿检的时候，记者故意做了点手脚，送检的样品并非尿液，而是一小杯绿茶饮料。医院尿检报告显示记者“小便里面不仅有白细胞，表明尿道里有炎症，还有霉菌和杂菌，且有淋球菌”，医生诊断认为记者“肾虚比较厉害，还有前列腺炎、附睾炎”。由于记者的圈套设计极富戏剧性，报道播出后引发轰动效应，当地卫生局连夜对该医院进行了查封，并

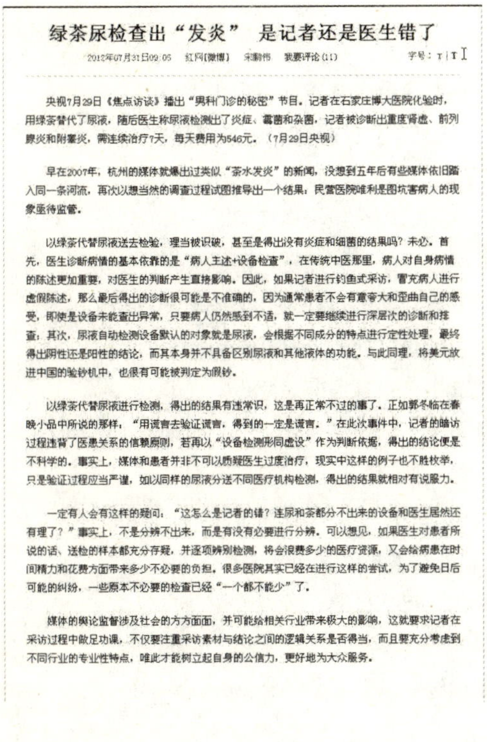

绿茶尿检查出“发炎” 是记者还是医生错了

2012年07月31日09:05 红网[微博] 宋鹏伟 我要评论(11) 字号：T | T

央视7月29日《焦点访谈》播出“男科门诊的秘密”节目。记者在石家庄博大医院化验时，用绿茶替代了尿液，随后医生称尿液检测出了炎症、霉菌和杂菌，记者被诊断出重度肾虚、前列腺炎和附睾炎，需连续治疗7天，每天费用为546元。（7月29日央视）

早在2007年，杭州的媒体就爆出过类似“茶水发炎”的新闻，没想到五年后有些媒体依旧踏入同一条河流，再次以想当然的调查过程试图推导出一个结果：民营医院唯利是图坑害病人的现象亟待监管。

以绿茶代替尿液送去检验，理当被识破，甚至是得出没有炎症和细菌的结果吗？未必。首先，医生诊断病情的基本依靠的是“病人主述+设备检查”，在传统中医那里，病人对自身病情的陈述更加重要，对医生的判断产生直接影响。因此，如果记者进行钓鱼式采访，冒充病人进行虚假陈述，那么最后得出的诊断很可能是不准确的，因为通常患者不会有意夸大和歪曲自己的感受，即使是设备未能查出异常，只要病人仍然感到不适，就一定要继续进行深层次的诊断和排查；其次，尿液自动检测设备默认的对象就是尿液，会根据不同成分的特点进行定性处理，最终得出阴性还是阳性的结论，而其本身并不具备区别尿液和其他液体的功能。与此同理，将美元放进中国的验钞机中，也很有可能被判定为假钞。

以绿茶代替尿液进行检测，得出的结果有违常识，这是再正常不过的事了。正如郭冬临在春晚小品中所说的那样，“用谎言去验证谎言，得到的一定是谎言。”在此次事件中，记者的暗访过程违背了医患关系的信赖原则，若再以“设备检测形同虚设”作为判断依据，得出的结论便是不科学的。事实上，媒体和患者并非不可以质疑医生过度治疗，现实中这样的例子也不胜枚举，只是验证过程应当严谨，如以同样的尿液分送不同医疗机构检测，得出的结果就相对有说服力。

一定有人会有这样的疑问：“这怎么是记者的错？连尿和茶都分不出来的设备和医生居然还有理了？”事实上，不是分辨不出来，而是有没有必要进行分辨。可以想见，如果医生对患者所说的话、送检的样本都充分存疑，并逐项辨别检测，将会浪费多少的医疗资源，又会给病患在时间精力和花费方面带来多少不必要的负担。很多医院其实已经在进行这样的尝试，为了避免日后可能的纠纷，一些原本不必要的检查已经“一个都不能少”了。

媒体的舆论监督涉及社会的方方面面，并可能给相关行业带来极大的影响，这就要求记者在采访过程中做足功课，不仅要注重采访素材与结论之间的逻辑关系是否得当，而且要充分考虑到不同行业的专业性特点，唯此才能树立起自身的公信力，更好地为大众服务。

将依据有关法律对医院虚假治疗违法行为进行处理。单从效果看，该报道是非常成功的，但冷静审视其背后的采访手段，则发人深省。一是记者缺乏基本的医疗常识，因为尿液检测仪不具备鉴定样本是否确实为尿液的程序，如果放进仪器的是饮料，只要其中含有和与尿液相同或类似物质，仪器同样会自动辨别生成结果。二是记者暗访中“以绿茶代尿”行为本身是造假行为，这种“以恶制恶”的手法偏离了舆论监督的本义，不但恶化了本就失常的医患关系，而且有失媒体的社会责任。此案还爆出了一个值得警醒的问题：近年来记者热衷于“体验式采访”，但医疗领域较为特殊，不具备体验采访的条件，记者不能违背这一基本常识。

2. 奥运女举失利报道“耻辱”事件

2012 年是奥运年，各路媒体围绕比赛进程进行了密集报道。对重大赛事活动的报道，记者应做好充分的知识准备，全方位展示其立体意涵和多维视界，然而，由于记者把目光过多聚焦于冠军身上，发生了一些与奥运精神不吻合的事件。7 月 29 日，在伦敦奥运会 53 公斤级女子举重赛场上，17 岁湖北小将周俊三次试举失败。事件一出，多家国内媒体将其失利斥为“中国女举最耻辱一败”。一个尚未成年的孩子，仅仅因为未能“未能为国争光”就被钉在“耻辱柱”上，而另一位未能夺冠选手也遭记者的冷落。7 月 30 日，男子举重 56 公斤级决赛，中国选手吴景彪以 289 公斤的总成绩负于朝鲜“黑马”严润哲而屈居亚军，而在其老家福建省南平市炉下镇朱山头村，原本陪同其父母看电视的十几名记者在感觉吴景彪夺金无望后，刹那间撇下两位老人离去。②奥运报道本应丰富多彩，既有成功也有失败，既有冠军也有亚军，但记者以“成王败寇”的逻辑来组织报道框架，与其说是举重界的耻辱，倒不如说是新闻界的耻辱。令人欣慰的是，已经有媒体认识到这种偏差，《都市时报》在名为该报奥运特刊的封面上刊登了一封《给周俊的致歉信》，就该报称周俊的伦敦失利为“中国女举最耻辱一败”而真诚道歉。记者必须明确，在非敌对性报道中，侮辱报道对象也是侮辱自己，只有尊重报道对象才能赢得社会尊重。

3. 主持人节目现场“砸宝”事件

记者是新闻报道的记录者，但有的媒体记者对其角色认知发生了偏差，出现了“越位”行为，引发了纠纷和争论。北京电视台的“天下收藏”栏目本是一个学术气息较浓的节目，由著名表演艺术家王刚担任主持人，该节目设计了一个极具“刺激性”的规则：如果经在场专家鉴定为假，在双

“王刚砸宝”到底有没有“失手”

http://beijingww.qianlong.com/ 时间：2012-06-21 13:31:50 来源：北京晚报

从2006年开始，由王刚主持的电视鉴宝节目《天下收藏》在国内走红，和其他同类节目关注藏品价值的高低不同，《天下收藏》因更专注辨别藏品真假并且设有“砸宝”环节而显得更加惊心和与众不同。尽管也曾遇到各种各样的争议，但《天下收藏》节目一直在全国同类鉴宝节目中独领风骚。不过近日一场在首都博物馆举行的《“假”如这样——真“假”藏品对比展》却把该节目推上风口浪尖，因不少观看过展览的藏友和专家一致声讨《天下收藏》节目实际上毁掉了不少真品。著名收藏家、中国收藏家协会玉器委员会主任姚政等反复观看展览后称，王刚手中的护宝锤砸掉的赝品中不少是真品，有的甚至是珍品。经典的“王刚砸宝”画面遭遇到了最大一次信任危机——

收藏家喊话：别砸了，多可惜

《“假”如这样 真“假”藏品对比展》由《天下收藏》栏目组与首都博物馆共同举办，从《天下收藏》节目中被砸掉的300多件“赝品”瓷器中选择了30余件精品，同首都博物馆的馆藏珍品进行对比展览。一些收藏界人士在观看完展览后表达了气愤和叹息，有十几年收藏经验的北京藏友张远芳，指着一件“当代仿品”乾隆款珐琅彩开光山水纹双象耳瓶称，“上面的蓝釉料，得是当年进口的蓝宝石，只有宝石釉才会发出这种光亮；这粉彩画得多好，得是大师级画家的手笔。赝品不可能用这么昂贵的原料，有这么精湛的工艺。当代人想做出这种水平的瓷器，那得好几个大师通力合作才行。你做胎，他做釉，我画粉彩，得费多大劲！”收藏名家姚政也表示，“现在景德镇国家级的大师，都做不出来这样的瓷器。”他们建议，首都博物馆应立即撤展，以免误导观众，并认为《天下收藏》栏目应该停止“砸宝”行为，不要借吸引眼球而伤害藏品。

熟悉该节目的观众都知道，节目从开播以来，每期都围绕中华文化艺术瑰宝中的一个主题进行鉴宝，并且分为亮宝、辩宝、护宝三个环节。在最后一个护宝环节中，王刚每次都要高声问藏家“退不退？”台下此起彼伏地有人喊“退！”有人喊“不退！”而当藏家坚定答道“不退”时，经过鉴宝团的“审判”，如果手中的宝贝是“赝品”，将被王刚手中的紫金“护宝锤”一下击碎，每逢这一节点也把现场气氛拉到了最高点。这些被砸的藏品基本以瓷器为主。在首博的展览上，不少观众对被砸后重新粘好、身上伤痕累累的瓷器发出惋叹，“多漂亮啊，砸了真可惜”。还有一些人认为，这些精美的瓷器即便是赝品，但也可能是未来的文物，“像宋代的青铜器赝品到了今天成了宝贵文物一样，不应该砸毁”。

节目组回应：从没砸错，从没人后悔

《天下收藏》的“砸宝”环节其实是王刚自己设计的，他曾在2010年出版的自传《我本顽痴》中写道：“在签了‘生死文书’的持宝人咬牙点头后，主持人突然出其不意地砸了其中的赝品，让节目现场‘嘘’声四起。作为该节目的总策划，我对设置这个环节的创意颇为自得。我认为，栏目的原则，也就是收藏的原则，去伪存真是第一步，是最要紧的。”《天下收藏》每期节目现场，都有三位客座嘉宾，其中既有马未都这样的著名收藏家，也有故宫博物院研究馆员叶佩兰、首都博物馆原常务副馆长张宁这样的“学院派”，以及北京鉴定委员会副主任张茹兰等“官方”人士和拍卖公司老总这样的“商人”加“实战派”。其中露面次数最多、同时也是“终审判官”的则是香港永宝斋斋主翟健民。针对此次展览中的质疑声，翟健民回应，“我们绝不可能砸错”。

翟健民表示，之所以要有“砸”这个行为，是希望告诉观众，这个仿品背后是一个骗人的行为，“我们要‘砸’的就是这样一种行为，要起到警醒警示作用，让藏家懂得正确收藏，不要自己‘蒙’自己，沾沾自喜地收藏着一件假东西。”翟健民认为，国内目前的高仿已经达到了一个相当高的水平，假设一件真品价值100万元人民币，那么15万到20万元的高仿瓷器，就有机会以假乱真地冲到80万至100万元。“这种巨大的利益诱惑导致高仿水平也在不断提升，七八年前市场上还看不到仿清代官窑、哥窑、汝窑的高仿品，后来据说一位工匠在地摊上买到了一本讲清代釉料配方的书，通过一步步摸索，也配出了当年的釉料，现在这几种高仿品跟真品也极近似了。”

翟健民认为，节目中“砸宝”这个规则实际上已经被众藏家广泛接受了，“每一次临揭鉴定报告之前，王刚都会说，你可以退，可以不拿这个奖牌，同时避免被砸的可能性，但绝大部分的持宝人都很坚定地要求去伪存真，坚定表示不退出，要是假的就砸了。当然，五六年前也有个别后悔的，一些藏宝人花了很多钱买下的瓷器，拿到这里来，本身信心很足，觉得必真无疑，结果一锤砸了，过后就很心疼，认为自己应该退。不过，他们本身来了之后都签过合约的，其上写明了要相信专家的鉴定，所以后悔了也没办法。而这么多年过去了，大家对这个节目的游戏规则已经很清楚了，这种事后后悔的情况几乎没再出现过。”

王刚解释，为何坚持这种极端方式

该节目制片人韩勇也表示，虽然观众在节目中只看到三位专家，但他们的背后有一个庞大的专家库。每一件瓷器，至少要由3到5位专家鉴定，并且实行一票否决。“我们是把最有把握的瓷器拿出来做节目，绝对不会砸错东西。”不过，虽然节目组成员对此信誓旦旦，还是有不少民间藏家认为，节目中对藏品的评语只有三两分钟，并且过于“简单”和“粗暴”，比如一款“康熙青花人物纹葫芦瓶现代仿品”被断定为“胎质疏松”，这是赝品最常获得的评价之一。“胎质疏松的瓷器会有很多开片。这个葫芦瓶根本就没开片，怎么就疏松了呢？”

翟健民解释，实际上整个鉴宝过程是非常严谨的，并非像节目中展现得那么“轻巧”。“因为电视台会控制30秒之内讲完一件作品的点评。我们只能举例说胎质疏松、人为做旧这些很简单的特点。其实，最后我们在现场还会录制一个短片，为观众详解这件东西到底哪里不对，会从造型、画工、胎釉、款识等做全面地讲解。只不过因为节目时间限制的原因，多数时候就没办法播出。”

任何电视节目几乎都逃不过“唯收视率论”的质疑，王刚此前也承认过：“说句实在话，如果我要不砸，这个收视率肯定要降的，因此就必须有这么一个悬念，要触目惊心。”不过，对于为何坚持采用这种极端的方式对待赝品，王刚在自传《我本顽痴》中，专门用一章讲述了这件事，他说：“简言之，就是恨啊！恨那些造假、贩假者，同情进而警醒那些上当受骗的藏友们。这么做，实在有些现实关怀在里面，我在这行里待久了，耳闻目睹太多太多穷其一生积蓄，买到的全是赝品的辛酸故事。这就让我下决心，在节目中淡化人们最关心的价格因素，而是突出对瞎活（假货）的鉴别与打击。”王刚还说道，很多记者采访他，都是从“砸”开始问起，“我就说，不同意砸的，我特理解，挺好一个东西，什么真的假的，假的怎么了？也是一个很好的花瓶啊，怎么给砸了，在家里插花也不错啊——这就是没有收藏经历的人的过于天真善良所致，凡是有收藏经历的人都打过眼，打过眼的就对赝品恨得要命。”

方签署完毕协议后，主持人就挥起紫金锤将“赝品”砸碎。该节目开播6年砸掉的赝品达300余件。尽管该栏目声称“每一件瓷器，至少要由3~5位专家鉴定，实行一票否决。把最有把握的瓷器拿出来做节目，绝对不会砸错”，但2012年8月该节目遭遇开播以来最严重的质疑风波。有专家质疑，“所砸掉的‘赝品’不少是真品，并且不乏珍品”。在鉴宝节目中穿插“砸赝品”环节，既迎合了观众对“造假”的痛恨，又能现场演绎出收藏者的心态变化，能够为节目带来可观的收视率。但冷静审视则有三大败笔：其一，媒体仅仅是一个信息传播与展示的平台，由于要考虑收视效果，其组织的鉴宝未必能遵循严谨的程序规范（如节目存在持宝人因某些原因不愿意出镜，或者表达能力不好由栏目组找“托”上台表演的行为），鉴定结论本身亦不具备权威性；其二，持宝人与栏目组现场签订的协议本身并不具有严格意义上的法律效力，只属于民间意义上的“君子协定”；其三，在砸赝品环节中主持人由旁观者演变为执法者的角色，超出了记者常规行为规范的边界。媒体记者既非审判官又非执法者，在报道事件时应避免直接介入事件本身；姑且不论赝品是否该被砸，即便要砸，也不该由媒体记者来执行。

4. 招聘节目现场海归男“晕倒”事件

媒体记者尤其是电视主持人的言行对受众影响巨大，在面向公众时应传达积极的信息，彰显人文关怀取向，凝聚正能量，尤其在面对弱势群体时，媒体工作者更应多释放善意，营造温暖局面，鼓励弱者奋勇前行。但在国内媒体界正日益流行“毒舌体”，一些嘉宾或媒体主持人频出恶言，令参与者苦不堪言。2012 年 5 月，天津卫视“非你莫属”播出的一期节目中，在法国留学十年并拿了三个文凭的陈杰，面对嘉宾的犀利提问，不知所措，法语水平也被嘉宾“奚落”，现场嘉宾还指其硕士文凭“Bac+5”仅相当于技术学校专科水平。重压之下，陈杰突然晕倒在主持人张绍刚身边。而目睹求职者倒下后，主持人冷冷抛出一句：“你是在演戏吗？”该节目给法国留学生群体造成了伤害，法国驻华使馆出面澄清，创新工场首席执行官李开复在微博上发起“万人实名抵制《非你莫属》”的活动。在一片舆论声讨中，主持人和节目嘉宾被迫道歉。此案凸显出现今部分媒体工作者患上了“善良缺乏症”，有主持人或嘉宾习惯于高高在上，把“谩骂、贬损、刻薄”视为时髦，言语中缺乏对参与者的基本尊重；节目主持不是传达人文关怀取向，而充斥着怀疑、冷酷和无情，传递负面文化，造成社会心理裂痕。《非你莫属》节目中频频出现鄙视求职者及主持人对求职者冷漠无情的场景，值得每一个媒体工作者反思和警醒。

二、自我期待视角下记者执业热点事件的回顾与评析

记者的自我期待着眼于预防执业风险和维护合法权益。有调查显示，在危险职业排行榜中，记者已成为仅次于警察和矿工的第三大危险职业。[3]记者的执业风险主要来源于自然风险和监督对象的风险，有时还面临媒体内部及相关主管部门行政处理的风险。

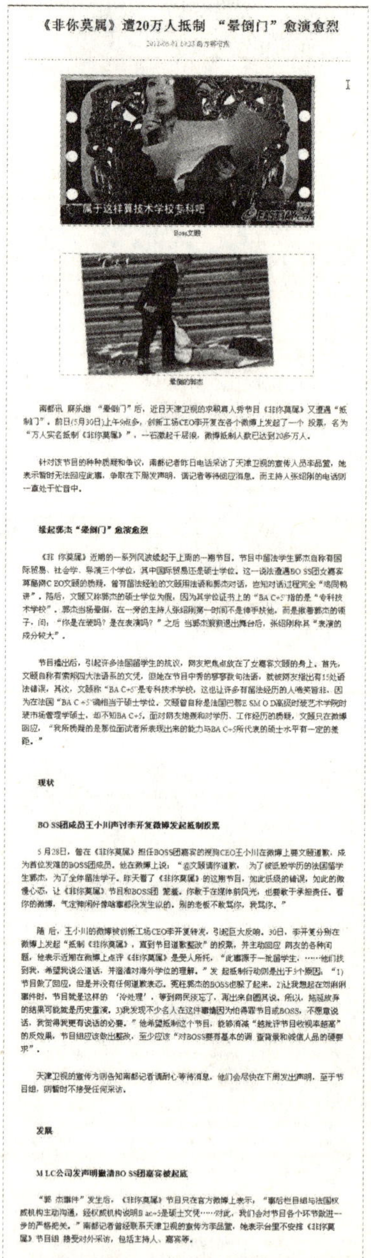

《非你莫属》遭20万人抵制 “晕倒门”愈演愈烈

属于这样算技术学校专科吧

Boss文颐

晕倒的郭杰

南都讯 麻乐继 “晕倒门”后，近日天津卫视的求职真人秀节目《非你莫属》又遭遇“抵制门”。前日(5月30日)上午9点多，创新工场CEO李开复在各个微博上发起了一个 投票，名为“万人实名抵制《非你莫属》”，一石激起千层浪，微博抵制人数已达到20多万人。

针对该节目的种种质疑和争议，南都记者昨日电话采访了天津卫视的宣传人员李品萱，她表示暂时无法回应此事，争取在下周发声明，请记者等待回应消息。而主持人张绍刚的电话则一直处于忙音中。

缘起郭杰“晕倒门”愈演愈烈

《非 你莫属》近期的一系列风波缘起于上周的一期节目，节目中留法学生郭杰自称有国际贸易、社会学、导演三个学位，其中国际贸易还是硕士学位。这一说法遭遇BO SS团女嘉宾幕酷网C EO文颐的质疑，曾有留法经验的文颐用法语和郭杰对话，岂知对话过程完全“鸡同鸭讲”。随后，文颐又称郭杰的硕士学位为假，因为其学位证书上的“BA C+5”指的是“专科技术学校”。郭杰当场晕倒，在一旁的主持人张绍刚第一时间不是伸手扶他，而是揪着郭杰的领子，问：“你是在装吗？是在表演吗？”之后 当郭杰狼狈退出舞台后，张绍刚称其“表演的成分较大”。

节目播出后，引起许多法国留学生的抗议，网友把焦点放在了女嘉宾文颐的身上。首先，文颐自称有索邦四大法语系的文凭，但她在节目中秀的寥寥数句法语，就被网友指出有15处语法错误，其次，文颐称“BA C+5”是专科技术学校，这也让许多有留法经历的人啼笑皆非。因为在法国“BA C+5”确相当于硕士学位。文颐曾自称是法国巴黎E SM O D高级时装艺术学院时装市场管理学硕士，却不知BA C+5。面对网友炮轰和对学历、工作经历的质疑，文颐只在微博回应，“我所质疑的是那位面试者所表现出来的能力与BA C+5所代表的硕士水平有一定的差距。”

现状

BO SS团成员王小川声讨李开复微博发起抵制投票

5 月28日，曾在《非你莫属》担任BOSS团嘉宾的搜狗CEO王小川在微博上要文颐道歉，成为首位发难的BOSS团成员。他在微博上说：“@文颐请你道歉， 为了被诋毁学历的法国留学生郭杰，为了全体留法学子。昨天看了《非你莫属》的这期节目，如此低级的错误，如此的傲慢心态，让《非你莫属》节目和BOSS团 蒙羞。你敢于在媒体前风光，也要敢于承担责任。看你的微博，气定神闲好像啥事都没发生似的。别的老板不敢骂你，我骂你。”

随 后，王小川的微博被创新工场CEO李开复转发，引起巨大反响。30日，李开复分别在微博上发起“抵制《非你莫属》，直到节目道歉整改”的投票，并主动回应 网友的各种问题，他表示近期在微博上点评《非你莫属》是受人所托，“此事源于一批留学生，……他们找到我，希望我说公道话，并澄清对海外学位的理解。”发 起抵制行动则是出于3个原因：“1)节目做了回应，但是并没有任何道歉表态。冤枉郭杰的BOSS也躲了起来。2)让我想起在刘俐俐事件时，节目就是这样的 ‘冷处理’，等到网民淡忘了，再出来自圆其说。所以，拖延放弃的结果可能就是历史重演。3)我发现不少名人在这件事情因为怕得罪节目或BOSS，不愿意说话，我觉得我更有说话的必要。”他希望抵制这个节目，能够消减“越批评节目收视率越高”的反效果，节目组应该做出整改，至少应该“对BOSS要有基本的调 查背景和诚信人品的硬要求”。

天津卫视的宣传方则告知南都记者请耐心等待消息，他们会尽快在下周发出声明，至于节目组，则暂时不接受任何采访。

发展

M LC公司发声明撇清BO SS团嘉宾被起底

“郭 杰事件”发生后，《非你莫属》节目只在官方微博上表示，“事后栏目组与法国权威机构主动沟通，经权威机构说明B ac+5是硕士文凭……对此，我们会对节目各个环节做进一步的严格把关。”南都记者曾经联系天津卫视的宣传方李品萱，她表示台里不安排《非你莫属》节目组 接受对外采访，包括主持人、嘉宾等。

针对文颐在百度百科显示“曾负责法国M L C品牌战略及市场工作 ”和报道所述任“ 法国M L C品牌战略及产品设计经理”等信息，法国M L C公司5月28日，发出声明表示张红(又名文颐)从未在法国M LC任职。

而除了文颐，《非你莫属》的BOSS团其他嘉宾的身份背景一并受到人肉大起底。

1. 女记者“追风”报道台风事件

自然风险是记者执业的重要风险源。近年来，我国各地突发灾难事件呈频发之势，在突发灾难事件爆发时，多数人避之不及，但记者需前往并暴露在自然灾害最前线，而女记者遭遇此类风险的概率更大。2012年7月，台风“韦森特”吹袭广东省沿岸，香港、深圳、广州等多家电视台派出采访队，直播台风吹袭下各地险象环生的画面。细心的观众发现，到前线采访的出境记者多是女性，虽然已戴了安全帽、穿上雨衣，但弱质女流难抵挡台风，被吹得左摇右摆、面容扭曲。台风中为何不用男记者替代女记者？有内行道破天机，不是女记者更有身体优势，而是女记者“追风”画面的收视率更高！若是男记者抱着树或者抱着栏杆，被风吹得满面是水的画面，没有女记者遭遇这些时来得震撼。电视台派“女金花”追风几乎成了业内“潜规则”。须指出的是，在突发灾害天气中从事新闻报道具有极大的风险和不确定性，女记者“追风”的精神固然可嘉，但灾害现场毕竟不是记者的

2012年度影响较大的记者被打事件一览表

时间	涉事媒体记者	事件情境	记者被打细节	危害程度
3.27	《中国经济时报》等媒体记者	记者在漯河采访违章别墅群时遭殴打	记者被“劫持”到偏僻地，持枪顶头威胁，并被围殴两个多小时	鉴定轻伤
3.30	《柳州晚报》记者	采访柳州市西堤路道路改造工程工地突发安全生产事故	遭到驻施工现场的技术员等人粗暴阻挠和殴打	记者食指骨折
4.19	成都电视台记者	陪同市民马先生到双林北横路一家汽车租赁公司维权	被几名男子连续殴打	多处受伤，眼睛缝8针
4.21	《新民晚报》女记者	中超联赛上海申花客场大连赛后混合区采访时	掐住记者脖子，用力一推，记者摔倒在地，包、录音笔、鞋子散落一地	女记者嘴唇被打肿
5.15	未公开	安徽卫视《金太郎的幸福生活》发布会现场	李小璐助理打记者一拳	折断了指甲
7.16	湖南经视3名记者	采访湖南省长沙望城区的旺旺食品厂发生大火	现场采访中被当地公安保安围殴	机器损坏，记者受伤
10.6	陕西电视台两名记者	采访华山景区游客拥堵事件	遭景区工作人员殴打	摄像机被砸

秀场，记者不仅要把灾难的场景告诉受众，而且在灾难来临时，要引导人们如何防灾减灾，尽最大限度减少损失，记者自身亦须加强自我保护。如果一味追求“出境形象”的眼球效应，未免与新闻精神背道而驰。此外，目前国内媒体大多缺乏应对灾难场景的专业器材和配套设备，有的媒体甚至没有给记者购买意外伤害险，尽快完善记者的职业风险防护机制，这是必须引起重视的。

2. “副局长持枪打记者”事件

舆论监督对象是记者面临的最常见的风险源，口头谩骂、武力阻扰采访、劫持威胁和暴力殴打等则是常见的包袱措施。据相关公开报道统计，2012年发生的记者正常采访遭遇阻挠并被殴打的事件约30余起，其中影响较大的7起（见下表），争论最大的一起是副局长持枪打记者事件。3月27日《中国经济时报》等媒体记者前去漯河市郾城区的河畔雅墅采访违章建筑一事，遭漯河市召陵区房管局副局长牛某等人殴打。期间，记者还被“劫持”到一片麦田里，副局长拿出枪状物顶住记者头部进行威胁。事后两名被打者被鉴定为轻微伤，并与打人者签订赔偿协议，获得了11万元赔偿。此案的关注点有三：其一，打人者身份特殊，系当地房管局副局长，足见某些官员根本不把记者的人身安全放在眼里，事后也未受到应有的行政处罚，更无追究刑事责任之说。其二，打人过程

县委书记慰问贫困老党员 会场出现天价香烟

2012年08月27日08:34 西安新闻网-西安晚报 石俊荣 字号：T|T

图中红圈处为高级香烟，这张照片已从大荔县人民政府网上删除

石俊荣：【县委书记慰问贫困老党员现“天价”香烟】25日，陕西大荔县政府网发新闻：“县委书记孙云峰，宣传部长孙永莉等深入官池镇伍家湾村慰问贫困老党员，送去米、油等慰问品及慰问金。”照片里孙云峰面前摆着“九五至尊”香烟等，26日照片被删除。孙永莉称，盒里只有两三根烟，是村支书的战友让品尝的。

今天 07:00:05 来自腾讯微博iPhone客户端 全部转播和评论(275)

记者发微博报料照片

中使用了“枪状物”，而且枪的真假最后也无下文。其三，双方解决问题的方式也耐人寻味，本不应该用钱解决的问题，却用了11万就得以“摆平”，赔款背后是否暗藏着某些不可泄露的天机，难免令人生疑。另外，记者被打多发生在监督暗访、文体娱乐领域，记者要磨练应急能力，学习防身之术，避免“一张白纸逞英雄”。

3. 记者揭露会场天价烟被“停职”事件

记者的执业风险还有来自媒体内部或有关行政主管部门的非正当施压。6月27日《西安晚报》渭南记者站站长石俊荣发表题为《县委书记慰问贫困老党员 会场出现天价香烟》的报道，文章披露了一个细节，县领导深入包联村慰问贫困老党员时，会场出现一盒“九五至尊”香烟；大荔县人民政府网先使用了一张记录该场景的照片，在引起争议后又扯下了该照片。该报道发出后引起轩然大波，3天后网友发微博称“因为报道‘县委书记慰问贫困老党员会场出现九五至尊香烟的新闻’引领导震怒，西安晚报记者石俊荣昨日深夜被按照上级要求停职。”后在新闻出版总署相关人员发微博伸张正义、学界声援、社会网友的强大舆论压力下，石俊荣得以复职。虽然有学者认为该事件“让萌芽中的中国新闻职业共同体初显力量”[④]，但笔者认为此案暴露出我国记者执业风险中最为隐蔽、也最令人悲愤的一面。其一，某些行政主管部门目无法纪，公然动用行政权力压制履行舆论监督权力的记者，且其行政过失并未得到任何追究。其二，记者所在媒体明知记者在报道中无过错，不仅不站在保护记者合法权利的一方，反而成为扼杀舆论监督的帮凶。其三，当记者的合法权益遭到侵犯时，不能通过正常的行政或法规渠道得到伸张，而要依靠微博等新兴媒体及民间舆论的支撑，这充分说明记者的权利保护机制是何等的脆弱和无力。

综上所述，审视2012年度中国记者执业活动相关热点事件，其意义不在于就事论事，而是藉此透视记者执业行为背后的价值取向和生态环境。从社会对记者的角色期待上看，我国记者的整体执业水准有待提升，在尊重采访对象、诚实采访、客观中立等原则问题上频现失误。从记者执业权利保护上看，记者执业所处的外部环境亟需改善，记者的生命安全、人声安全依然面临威胁，还时常遭遇到来相关主管部门的非正当施压。

（作者系江南大学数字媒体学院报刊发行研究所所长。本文系江南大

学自主科研计划项目、中央高校基本科研业务费项目“我国文化产业发展战略研究”〈编号：JUSRP11229〉的部分成果）

注释：

①（美）米德：《心灵，自我与社会》第178-188页，上海译文出版社，1999年

②《无缘奥运金牌景彪抱憾垂泪 赛后父母遭媒体冷落》，《都市时报》2012年7月31日。

③中国青年报：《记者成第三大危险职业》，《城市党报研究》2004年第1期

④王天定：《记者权益的维护与新闻职业共同体的构建》，《新闻记者》2012年第8期

日媒检证震灾（核电）事故报道寻求改变（中）

□高井洁司

高井洁司

本稿的上篇主要介绍了围绕福岛核电事故的报道所做的验证。特别是事故还在进展中，连日本政府和东京电力公司也没能掌握准确状况的情况下，如何报道核事故难度极大。不过，有批评者指事故当时的大众媒体与政府和东京电力相互串通，没有做出正确报道。

纽约时报驻东京分局局长马丁・法克勒就严厉指出："报纸只是把当局的记者招待会或新闻发布的内容登载出来。结果是日本的几家大媒体为当局掩盖真相帮了大忙。这也正是我在日本的采访活动中最感不满的'记者俱乐部'制度的矛盾性在日本国民面前的瞬间大暴露"（《不报道"真相"日本报纸》，双叶书房出版）。

如果存在信息掩盖和官媒的勾结的话，当然是不能获得准确信息的。即使没有掩盖和勾结，因为事故是还进展中，计量仪器被损坏，各种器械的工作状况无法把握，这些原因和理由都可能导致正确信息没有得到传播。通过上期内容可略见一斑，不是说有了采访自由报道的问题就能全部解决。报道不充分和报道错误的原因并不能都归结为信息掩藏或官媒勾结。

不过，日本大众媒体也有因过分担心引起社会混乱而确实对未确认的信息予以控制发表的问题。正是因为报道涉及国家存亡之大事，所以把问题归因于记者俱乐部制度的思考方式就显得太过于简单。

这个题目原本分做上下两期，因为日本国内对震灾和核电报道的检证不断进展，很多内容具有启发和借鉴意义，特向编辑申请将原计划改为上、中、下三篇。本篇将以对震灾报道的检证为中心，重点探讨报道体制、媒体自身的震灾对策以及包括新兴媒体在内的媒体间的分工和融合等问题。

一、如此大规模的地震是否超出预想？

围绕这次9级地震，除了企图回避核电事故责任的东电干部、管理核能的政府当局，甚至连地震研究人员都认为规模之大，“超出预想”。

震灾真的是“超出预想”吗？或者原本就根本没有预想？江户川大学隈本邦彦教授的论文《并非“超出预想”的东日本大震灾有关灾害报道的必要历史性检证》（Journalism2011年5月号）提出了这样的质疑。

隈本指出，地震次日的读卖新闻的《地震学者称“超出常识”》的报道，“为强调‘超出预想’奠定了基调”。隈本例举了过去的地震实例和受害状况，并指出在围绕第一发电站的安全性检查的讨论中东京电力方面回应消极，批判性地检证了有关“超出预想”的发言和“超出预想”的报道，并指出这种报道的问题。

隈本对史上发生过的地震进行了检证，并指出，1896年发生的跨越宫城和岩手两县的三陆地区的明治三陆海啸，高达3－20米，在岩手县大船渡市海啸则高达38.2米，与3.11海啸带来的浸水受害程度的规模几乎相同。当时的人口密度远不及现在，但是死亡人数达到了2.2万人。再往前追溯的话，就是869年的贞观地震。隈本指出当时福岛县沿岸“海啸

岩手县陆前高田市，地震海啸过去1年半了，瓦砾堆积如山，尚未处理完。高井摄

的高度也与这次近乎相同，这是最近的研究搞清的”。“研究表明同样规模的大海啸在距今500年到1000年间曾发生过几次”，“这个领域的研究人员都确信发生同样大地震的可能性正在逼近”。

隈本的批判矛头不仅指向东电，还对准了媒体。他指出“有关核电事故的媒体报道，从一开始就让人觉得是跟着东京电力的‘超出预想’之说走”。提出质问：“东电的预想实在是太低，关于这一点，有人在记者招待会上追究了吗?!”如果认定核电事故是由超出预想的海啸引起的，就出现了一个对于东电来说不发生赔偿责任的极为重大的问题。

不过，日本的报纸并没有始终停留在“超出预想”的报道上。

首先，在地震发生两周后的3月25日，朝日新闻以“巨大海啸　东电预想过于乐观”、“‘福岛’的危险性，90年代就已被指出”为题，指出东电没有充分利用前述隈本提到的研究成果，报道还指出，同在东北地区宫城县的女川核电站由于对9.1米的海啸采取了对策，结果受害不大。而东电的海啸对策预想的高度仅是5.7米，显然非常不足。但是，这个报道并没有刊载在第一版较为显眼的地方，而是登在中间的较为隐蔽的科学版上。所以没有引起多大的反响。共同通讯社和每日新闻也继朝日新闻之后报道了贞观地震问题，不过，“东电此后还一直坚持它的‘超出预想’的主张”。

日隅等人针对报纸等大众媒体在这次地震中的表现批评道：“人们期待着大众媒体能够发挥满足国民知情权的作用，然而，在这次核事故中是不是充分地发挥了其作用，答案恐怕不是肯定的吧”。

岩手县陆前高田市，海啸肆虐后大型商场。　高井摄

日隅有做过《产经新闻》记者的经验，他指出“记者招待会上只是听听表面的东西，重要的信息还是要靠‘早晚出击’（清晨和深夜到采访对象家采访）等非正式场合获得的信息来确认，才能为自家报社提供独家新闻。因此，记者招待会难以成为追究事实的场所。而且，‘早晚出击’得到的信息，根据‘信源保密’原则，责任所在就会变得暧昧。这样的采访目前依旧在大众传媒业界持续着”。好不容易报出的爆炸性消息，却没有对一直隐藏信息的东电给予有力一击。

二、围绕震灾报道体制的检证

到此为止介绍的都是对媒体怎样报道了地震、海啸、核电事故的内容验证，此外还有这些报道是在怎样的报道体制下进行的对报道体制本身的检证。特别是对灾区发行的地方报纸来说，报社本身就是受灾者，但是在受灾的同时却不能中断报道活动，这是他们面临的艰难处境。怎样克服这样的困难，这种检证对今后应对灾害来说意义重大。

受灾地及其周边的青森县、岩手县、宫城县、山形县和茨城县的主要报纸，因为地震和停电仅靠自己的力量是无法出报的。不过，几乎所有的报社都对这样的灾害预先采取了应对措施，即与其他县的报纸或东京的全国性报纸签有协定（与这次灾后相关的签署报社之间相互支援和合作协定的情况如表格所示），而且，又实际上按照协定预想的受灾状况做过实地

接受援助的报社	援助报社	援助内容
岩手日报	东奥日報（青森县）	因停电，委托印刷12日、13日的早报。
河北新报	新潟日报	报纸制作系统下降。求助制作编辑地震当天的号外和12日早报。
山形新闻	新潟日报	因停电，轮转印刷机不能使用，求助印刷一部分12日早报和晚报。
每日东北（青森县）	岩手日日新闻（岩手县一关市）	因停电，轮转印刷机不能使用，求助印刷12日早报
茨城新闻	读卖新闻（东京）	平时委托印刷的读卖新闻茨城工厂停电不能印刷，12日早报由读卖的东京北工厂印刷。读卖负责把报纸运送到茨城。
茨城新闻	下野新闻（栃木县）	因读卖新闻茨城工厂停电，委托栃木的下野新闻制作和印刷13日和14日的早报。

训练。这一事先准备的努力使得各报尽管受灾，但很快就能正常发行。

1.《河北新报》

《河北新报》是总社设在宫城县仙台市的东北最大的报纸，发行范围不仅限于宫城县，还有福岛县和山形县等地，是一份跨地域的报纸。发行量为 50 万。1897 年创刊以来，即使是太平洋战争中美军空袭仙台和 1978 年的宫城冲地震的时候也没有停止过发行。

此次地震中，河北新报总社和位居仙台市泉区的印刷厂因免震建筑结构，所以免受了重大损害，不过，因整个市内停电，转用自备发电机。可是，总社内的报纸制作系统的排版用主要服务器翻倒在地，报纸排版制作极为困难。“尽管如此，也坚持了持续出报”，全面地记录了这段经历的《河北新报最漫长的一天——震灾中的当地报纸》(下面简称为《漫长的一天》)一书已由文艺春秋社出版。河北新报不仅克服重重困难坚持出报，还及时地推出了多角度的震灾报道和策划报道，并以“当地报纸所特有的贴近受灾地和受灾者的报道，获得 2011 年度新闻协会奖编辑部门类的新闻奖”。该社编辑委员寺岛英弥除了在 Journalism 等杂志上介绍其报道的检证工作外，还在全国的大学进行多次演讲。下面就从寺岛编辑委员的记录来介绍一下受灾报社的抗震经历。

为预防大地震，河北新报在新建

掲載日:2011年03月13日，面名:S10XX0，記事ID:K20110313S10XX0000 (C)河北新報社

「全部なくなった」

見えぬ恐怖 おびえる住民

福島第1原発爆発

気仙沼

胸まで水 死を覚悟

悪夢の夜 温かさ知る

女川

迫る波、町をのむ

押し流される住宅・船

本馆的时候配备了自家发电装置。当电视画面一时空白又恢复时，播音员神色紧张地说到："震级 8.4(后来修改为 9.0)，震源在三陆海域，地震烈度宫城县栗原市为 7。有发生海啸的可能。"

编辑干部们立即聚集到版面制作最高负责人太田岩编辑局长身边，开始汇报各部门的受害状况，并开始探讨版面制作是否还有可能。

印刷厂虽然因为是最新免震结构，用自备发电系统可以带动轮转印刷机，可是，总社的排版用主机却横倒竖卧地已不能工作。报纸制作发展成电脑化后，这个服务器实际上就成了报面版式制作的心脏。幸运的是，前一年与相隔约 250 公里远的新潟县的新潟日报社缔结了"紧急时刻报纸出版互相支援协定"。协定规定"一方报社因灾害和系统故障不能进行版面制作的时候，另一方报社代理承担制作工作"。在打电话都变得十分困难的情况下，会议刚刚结束后，新潟日报就打来电话，于是，报社就依照协定，向新潟日报提出援助。"协定已经预先决定了号外 2 版，早报 8 版。"

虽说是有了援助之手，但是也不能把全部工作都交给新潟日报来做。在中国的新闻工作者来看，或许会对下面介绍的河北新报的做法感兴趣。河北新报坚持自家编辑来制作版面，虽然有消息说因为地震道路已寸断，为了"尽可能做出'河北新报味儿'的报纸"，还是派了两个自己的编辑去了。

河北新报所坚持的河北新闻味儿可以从很多细节中看出来。比如从空中俯瞰受灾地的航拍照片。这是爱知县的中日新闻的直升机把河北新报的摄影记者带上拍了照，用到自己的版面上。

就这样制作出的版面数据于 11 日深夜，通过共同通信的网络传到河北新报印刷中心，12 日凌晨 3 点 10 分，47 万份报纸印了出来。这份比平时少一半以上的 8 版报纸凝聚了报人们的一腔热血与执着。

接下来是印出来的报纸如何发送的问题。不少贩卖店已无法确认是否平安，运输部长濑户功决定还是准备把报纸送到所有贩卖店，不当班的司机也被动员起来，一共调集了 44 台卡车，准备把报纸送到宫城县内的 180 家贩卖店。

送报车出发前，司机被集合起来反复叮嘱："走通常的送报线路，如果道路不通就返回。"因为道路的受害状况至今不明。因为停电没有路灯和信号灯，只有靠车灯。道路的裂缝和陷落很可能引发事故，余震和海啸的担心也未消失。手机依然不通，车载型的无线通讯一出仙台市近郊根本不能用，一旦发生不测的事态就丧失所有的联络手段。

在报纸发送中充满了危险。想尽一切办法，结果仍有超过 10% 的报纸无法运到目的地。而从贩卖店再送报上门就更为困难。很多贩卖店"因为停电，完全靠蜡烛的光亮分报，再送到订报的居民家里"。

可能有人要问：这样做有意义吗？《漫长的一天》根据仙台东销售中心职员及川修也（52 岁）的证言写到：

"及川在送报中发现，由于停电，电视和因特网都不能用，有收音机的人也很少。大家处在信息隔绝的状态，其中有的读者连海啸吞袭到了哪里都不清楚。这种情况下，能传达受灾状况的只有报纸了"。

能获得读者的反响，或许这就是坚持出报的意义所在。读者对报纸的期待，让充满使命感的报人获得了心灵上的满足。受灾地的报纸在日后的救灾活动中也发挥了重要作用。

现在回头来看，当时的报道存在着不少不足之处，比如发表政府和自治体提供的信息的初期报道，缺乏对受灾的整体状况的把握。例如，12 日的河北新报的标题是"大量死者、失踪者"，报道中却说人数"至少也有 81 人"。总之缺乏来自一线的报告。

当然对报社无法求全责备。因为记者们也是受灾者，沿岸区域的分社记者们死里逃生，没有通信手段，稿子也不能传送，连自己生命安危都无法告知总社。

从 13 日开始，很多记者的亲身体验开始见诸于报面。每个人的体验都令人惊心动魄。考虑到纸张和油墨的量，版面坚持早报出8版，容量只是通常32版的1/4。去掉广告占用的版面，记者们写的稿子挤满了各报面。

在这种情况下，河北新报开始积极利用网络媒体。日本报社的网站其实非常难看。新闻分政治、经济、社会、国际问题等主要项目，一般只能看到摘要，最近一部分报社的网站总算能看记者的博客，但是还远不够开放。报面的报道存档后网上阅览需要收费。为了防止网上燃起非难围剿，BBS论坛采取会员登记制，限定使用。总之是以纸媒体优先。

但是，自“3·11”以后，因为必须传播的信息和试图传播的信息量极大，所以各报社开始转向积极利用网站的平台。

在河北新报社，生活文化部负责早报上的与生活和灾后恢复及支援相关内容，而晚报编辑部和媒体局网络编辑部则走街串巷负责收集推特发布的相关信息。

据说推特发布的信息甚至包括澡堂和加油站的营业状况。不仅是推特，还有记者的博客都开设了介绍读者声音的栏目。最重要的还是全部新闻都变得可以在网上阅览。反映震灾受害状况的照片也都被传到网上。

报纸出版恢复正常后，该报社网站以往的报道的阅览又恢复了收费。不过，推特和博客等还依然持续，和其它的新闻网站比较，它还是更丰富多彩，这或许能让我们看到传统媒体

岩手日報・企画　平成三陸大津波「記者の証言」　Page 1 of 2

今、このパソコンで、会議ができたら、
出張経費は、どれくらい減りますか？
brother

12月4日(火) | トップページ | スポーツ | 企画・特集 | 暮らし・文化 | 観光・催し | 教育 | 経済 | リンク

平成三陸大津波 記者の証言

街なめ尽くした濁流

(2011年4月27日)

地震発生時は、陸前高田市高田町にあった陸前高田支局にいた。テレビが台から落ちたものの、建物自体に被害はなく「それほどひどい揺れではない」と感じていた。車で出発する時も、3年過ごした支局が約30分後に跡形もなくなるとは想像もしなかった。

山沿いに車を走らせ、高台にある同市気仙町の泉増寺（せんぞうじ）へ。道路脇に車を止めて10メートルほど石段を登り、見晴らし台にたどりついた。海まで気仙川沿いに約2キロ。まだそれほど緊張感はなかった。

気仙川を逆流し、市街地へ流入を始める津波＝3月11日午後3時26分

「まずいことになるのではないか」と感じたのは、地震発生から約30分後。「高田松原地内で津波が水門を越えました」という防災無線の放送を耳にしてからだ。

望遠レンズで見ると、河口からザブザブと川をさかのぼってくる濁流が見えた。水流に耐えられず橋が曲がり、のまれていく。

高田松原沿いの国道45号では、ガソリンスタンドの天井が海中に沈もうとしていた。気仙川の向こうの住宅密集地まで約500メートル。かなたから家々が倒される音が、遠雷のようにバリバリと聞こえた。巨大な水の流れが見慣れた街をのみ込んでいく。市街地は全滅だった。

川からあふれ出た津波は、民家や工場をなぎ倒しながら市街地に広がった＝午後3時30分

津波は気仙川の堤防を越え、見晴らし台の近くの工場と民家をなぎ倒した。そのまま止まることなく海水の流入が続き、高台のふもとまで達した。

ついさっき登ってきた石段がみるみる水面下に沈んでいく。高さは地面から7、8メートルまで達しただろうか。危険を感じ、寺の裏山をさらに上へ登った。

流入が止まったことを確認し、見晴らし台に

http://www.iwate-np.co.jp/311shinsai/shogen/shogen2.html　2012/12/04

和新兴媒体相互融合的未来前景。

2.《岩手日报》

另一份受灾地的代表性报纸是《岩手日报》。早稻田大学出版部推出一本记录这家报社当时报纸制作的书，名为《与被淡忘搏斗的记者们——勿忘平成三陆大海啸》。

读了这本记录，笔者首先注意到的是在地震发生当初召开的编辑会议上一位负责人的发言。

“以3月11日为界进入了一个没有指南的世界。以往的常识和定理都不管用了。现在，正是考验我们创作力的时候。”

“考虑到大地震、大海啸，加之福岛第1核电事故这样的复合性灾害，就不能以阪神·淡路大震灾(1995年1月)和中越地震(2004年10月)为蓝本。我们必须用自己的头考虑采访和报面的展开，集思广益”。

笔者认为报道本来是没有什么指南的。每天社会上发生的事件，比如即使同样是杀人事件，都有其各自的原因，情况也各异。只是记者日复一日的采访中，对采访活动逐渐熟稔，就好像有了一本可以参照的行动指南。但是，面对这次大地震，记者们几乎无所适从。

“大震灾过了一夜后的12日的清晨，记者们进入了岩手沿岸的受灾地，映入眼帘的悲惨景象无法让人相信这是现实。‘究竟从什么开始报道才好’，记者体验到的是一种强烈的无能为力的感觉。不过，他们还是从最基本的开始做起，‘尽量多接触人，去听他们说些什么’，就这样开始了采访活动”。

正是从“听受灾者说”开始的采访，产生了有名的《岩手日报》的“避难者名单报道”。断了电、煤气、自来水、电话等生命线的受灾地，即使有手机也无法与外界取得联系。“见到记者的避难者，他们托付记者的是向家人和朋友传递生存的信息”。就这样名单报道开始了。不过，最初记者们得到名单，却无法通过电话发传真，只能靠记者们的徒步不间断地把名单带回总社。

名单报道从13日开始。一旦见报，反响甚大。很多人看了报纸后，纷纷往总社打电话询问。仅仅是名单却成为极其珍贵的信息。

《与被淡忘搏斗的记者们——勿忘平成三陆大海啸》描述了一个意味深长的细节。

“在避难所转悠的记者们印象深刻的是拿到《岩手日报》便目不转睛地读报的受灾居民的样子。多数人都急切地打开刊有避难者名单的版面认真阅读。为了知道因大海啸离散的邻里朋友和家属亲人的消息，报纸在人群中被传读得破破烂烂”。

从避难者名单刊载开始，他们又策划启动了以追悼为主题的“不忘记”系列连载，反响也非常大。

河北新报、岩手日报这些当地报纸的报道以“贴近受灾者”受到了高度评价。开头介绍的纽约时报东京分局长写的《不报道“真相”日本报纸》虽然一直在批评日本的报纸，却在书中写到“一直坚持采访东日本大震灾的河北新闻社和岩手日报社的调查报道应该获得世界性的高度评价”。

（作者系日本北海道大学名誉教授、樱美林大学教授，翻译：西茹）

传媒茶座

传媒茶座

关于客观报道

□徐一龙

徐一龙

“这个世界从来没有纯粹客观的报道……”

如果有人用这句话当开场白，可以先不用急着表示赞同或者反对，因为，接下来，他或许说的是两个完全不同的结论：

——客观报道压根不存在，压根没必要用什么客观报道限制自己，媒体理所应当当各种力量的工具。

——没有100%的客观，我们竭尽所能不过是尽量接近它。

事情的复杂性在于，即使是第一种说法，它仍然能派生出两种看起来完全不同的新闻理论和实践。

第一种，就是传统的媒体喉舌论。这是最传统、官方的新闻属性论调。虽然这个新闻理论也在演化，不断有理论家指出，喉舌论不是简单的工具论。但在具体的新闻实践中，很多媒体把喉舌论视为工具论。它指导的新闻实践，已经悖离了新闻的基本属性。

就在2012年11月中下旬，爆出了“贵州五儿童垃圾箱内闷亡”的重大新闻。在这条新闻流传的第二天，中央电视台的夜间新闻节目就关注了此事。主播白岩松在播报时，特意提到了一个细节——贵州当地两家报社没有报道此事。当然，后来因为这个报道已经上升为全国性新闻，当地媒体也开始了报道。但无论如何，最初的不报道是极其不合理地违背了新闻理论的几乎一切原则——新闻性、接近性、及时性……但符合了时下的新闻“宪法”——喉舌论。

在新闻实践中，媒体被简单地理解为喉舌和工具。在一些新闻机构中，这个理论更为庸俗化为“本地媒体不报道本地的丑恶事件”。于是，新闻传播的奇异之处出现了，本地人需要看外地媒体，才能知道自己的家门口到底发生了什么。

哪怕有无数个360度高速摄影机，对准新闻当事人，也无法拍摄他内心隐蔽的暗流，而这，可能是这条新闻发生最重要的原因。所以，新闻行业才是个有门槛的行业，才是一个不只用脚就能跑出来的工作，才是一个值得人头发花白仍然去从事的行业。

骨子里认为客观报道压根不存在，导致的第二个新闻理论，它看起来与“喉舌论”大相径庭，甚至截然相反，但在内核也有很多相通之处，这个理论（权且称之为理论吧）可以叫“为民请命论”，或者叫“为民喉舌论”。

这种新闻理论和新闻实践，可以追溯到民国的《申报》、《大公报》等传媒故事；更久远甚至可追溯到中国的“谏官”传统。它看似不像现代新闻传播理论，但在当代中国，却有着深厚的群众基础。从1995年《华西都市报》创刊以来，大批市场化媒体开始出现，他们遵循新闻传播的基本规律，迅速无中生有地催生了报业市场，获得了传播和赢利的双丰收。在他们的早期报道中，“为民请命”类的报道很多。

这类报道获得民众的欢迎，因为它们与正义、善良、公正、民主有关，所谓“铁肩担道义”。但是，这类报道走到极端，正义、善良、公正、民主，不再是报道的副产品，而成为报道的本身。

于是，小到有记者把新闻成为一种秀；大到有媒体把新闻当做某种盈利策略——2003年左右，我见过一家新创办的都市报老总，他告诉我报社的思路很简单：第一年拼命地揭黑，获得广告和关注度后，就把内容调整得平和些——而新闻的本尊，客观报道却在流失。

如果说，刻意欺骗、回避是对客观真实的伤害；善良、正义有时候也会成为一种偏见。

某种程度，新闻是技术主义的，有着对客观报道无尽的技术主义的追求——如果这个事情有价值，那么，到底什么是真相?

某种程度，我希望记者们就像外科医生一样。职业的外科医生不在乎手术床上的病人是什么身份。哪怕病人做完起身就去抢劫银行，但当他躺在手术床上，医生就有义务给他力所能及的手术治疗。如果这个事件是公众关注的，那么无论指向何方，记者的本职是尽可能地提供真相。

至于其他，自有其他行业的人去做。医生不能包打天下，记者也不能。

我当然希望这真相能够指向正义、善良、公正、民主，但这些都是副产品，不能为了它们，去扭曲真相本身。

至于那些客观报道能起到什么作用? 答案或许是，公开远远好过回避。

在尊重客观报道的前提下，探讨客观报道的复杂性，才是有价值的，而且也是必须的。

我相信客观报道是不可能达到的极限。

因为，编辑部的主观思路会影响新闻的操作、记者认知世界的能力会影响新闻的呈现、复杂世界本身也会创造一个又一个“罗生门”。哪怕有无数个 360 度高速摄影机，对准新闻当事人，也无法拍摄他内心隐蔽的暗流，而这，可能是这条新闻发生最重要的原因。

所以，新闻行业才是个有门槛的行业，才是一个不只用脚就能跑出来的工作，才是一个值得人头发花白仍然去从事的行业。

客观报道可能永远无法 100% 实现，这不该让人沮丧，应该催生我们的激情，更周到地报道这个世界。

（作者系中国周刊副总编辑）

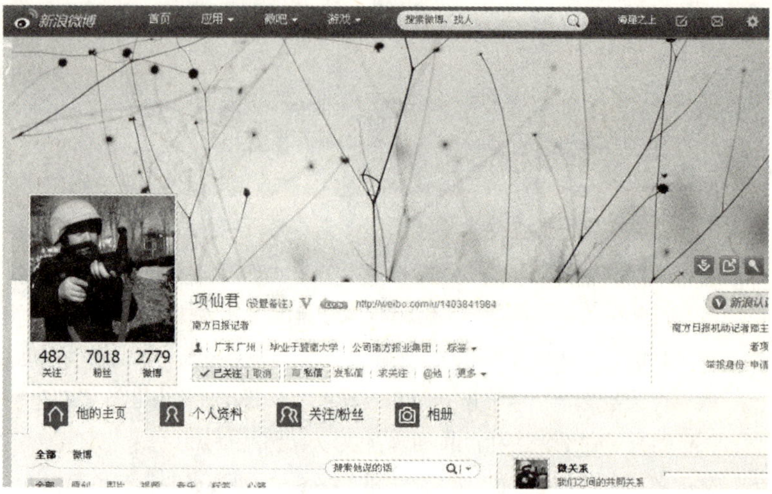

我的微博观：操刀者必死于刀下？

□项仙君

项仙君

不可一世的新媒体平台微博，在风光了两年之后，现在已经疲态毕现，人们纷纷在给它算命，看看它能活多久。我不是算命先生，虽然我也不看好微博的寿命，但我可以知道的是，现在那些在微博上活跃着的大V们，将会在微博死去之前，一个个在微博上死去。

这一个月发生的情况似乎印证了我的判断：以宣讲《论语》成名的“文化超女”于丹在北大昆曲晚会上致辞时遭观众嘘声后狼狈下台；香港卫视执行台长、著名时事评论员杨锦麟先生在微博中透露在杭州萧山机场“打的被宰”惊动市长结果却被网友骂个灰头土脸；还有此前以微博打拐、抗击癌症、免费午餐、解救白血病女孩等成功晋升微博达人的薛蛮子被“倒薛”网友们扒得只剩下底裤，以及更早的因为否认饿死人而被骂得体无完肤的人民日报甘肃分社社长林治波，等等。微博上的倒V肥皂剧每天都在更新，最新一集就是以扳倒雷政富而再次扬名立万的某前记者。

其实这一切都是必然的，只要看看微博是个什么东西就能明白。它是传言的发源地，也是谣言的粉碎机；是名声的倍增器，也是名人的墓地；它是屌丝的狂欢场，也是官员的沼泽地。自媒体时代的最大好处，就是当你涂脂抹粉盛妆出场之后，它们就立即揭穿你的画皮！反英雄、反权威、反名望是这个社交媒体的精神本质，它带有强烈的义和团暴民血统，无论你怎样发言都休想讨好每一个人，随时有人准备从你背后泼粪。

分析一下这几位名人的境遇就可以看得更清楚：于丹以谈国学成名，但她的国学功底实在经不住三句问，偏偏她又不肯收手，以“文化超女”姿态满天飞，什么都要插上嘴，简直都要成诸子百家了，这正是当下所有所谓知名学者的通病，她即使不在北大出丑，也迟早会栽在别的地方；杨锦麟先生挨宰本令人同情，但市长对他的另眼关照立即将他与普通屌丝区分开来，他成了特权阶层的代表，他的遭遇迅速失去了正义性；薛蛮子一向以微博为营销手段，他的操作本就充满疑点，他的来路更让喜欢扒粪的网民们找到了发泄的方向；急不可耐地跳出来充当勇士的前记者更让网民们看不过眼，用朴抱一先生的说法，他是犯了新闻工作者的一个根本大忌：记者不是演员，不要把自己放在舞台的中心。他是表演得过火了，结果引火烧身。

自媒体时代的最大好处，就是当你涂脂抹粉盛妆出场之后，它们就立即揭穿你的画皮！反英雄、反权威、反名望是这个社交媒体的精神本质，它带有强烈的义和团暴民血统，无论你怎样发言都休想讨好每一个人，随时有人准备从你背后泼粪。

我从来不认为微博是个说真话的好地方，因为我们有太多的话只能烂在肚子里。但微博真是一个舞台，能让你看到世情百态：原来那些成功人士也不过如此，原来沉默的人也文采裴然，原来自我炒作的人可以那么不要脸……想起那句谚语：没有一个人是他仆人的英雄。在微博这个众声喧哗的集市，虽然左右都是陌生人，但熟人无处不在，你说的每一个字都有可能成为呈堂证供，网民人肉的力量轻易就能将你剥光，露出你皮袍下面藏着的小来！正是这一点，它让我心生厌倦：它解构权威之后只留下一地鸡毛，我们看见偶像的黄昏却等不到真相的黎明。

作为一个传统媒体人，我现在只以玩票的心态周旋于微博上，苟全性命于乱世，不求闻达于诸侯。有时浮躁了，就想想那句话：真风流不在谈锋盛，大自在皆因智慧深。还是老祖宗聪明啊！

（作者系南方日报记者）

鲍里斯何出此言？

□任浩

任浩

一个冬日的清晨，我经过武昌火车站地下通道，赶搭去宜昌的动车。

这里人流如织。每隔几十米便有一个卖报人，“看报看报，3份一块（两份报纸加一包纸巾）！”以渴求的眼神打量着匆匆行人。

没有人停留。报贩的吆喝声在冗长的通道里孤独回荡。此时的孤独，在我这个老报人心里化作阵阵寒意。

这似乎是无数个报纸遭遇寒冬的“铁证”之一。

我突然想起美国诗人艾略特笔下的报纸黄金时代：《波士顿晚报》的读者们，像一片成熟了的玉米地在风中摇。那是1917年，没有广播，没有电视。

这份温暖的记忆，印刻着报纸曾经的辉煌和“粉丝”云集。

今天，“玉米地”成了“奇幻漂流”

的意象，刷屏的快意、秒读的信息、碎片的涌聚，让报纸变得越来越像中世纪的古董。

2012，“世界末日论”破灭，“纸媒消亡论”在《新闻周刊》的草标下铺天盖地。

广告趋冷，发行告急，市场萎缩，生存艰难，报业同行的脸上，从来没有像现在这样堆满叹息。

这是我们不得不接受的不可逆转的现实，还是被某些不曾预料的因素遮蔽的假象？这是网络迫不急待地宣告胜利，还是报纸自乱阵脚的逃离？在微博大V和终端神手面前，报纸难道只能平静地等待“躺着中枪”吗？

即便最终结果是死去，至少也要看清枪响的方向。

历史会记住中国报业当前面临的悲情与悲壮。更重要的是，我们是否还有悲壮中稳步前行的勇气，悲情中重塑神奇的智慧，困境中执著坚守的定力。

我们能否做到，将训练有素的新闻生产握于手中，将精致劲道的精神产品有序呈现……让我们的版面成为“自媒体”无法替代的视觉享受，让我们的报纸墨香成为直抵人心的温暖邂逅。

有一个声音让我们感动得泪流满面。近日，得知英国老牌报纸《卫报》将缩减印刷版，伦敦市长鲍里斯·约翰逊撰文呼吁拯救《卫报》。

鲍里斯说：“如果你们停掉这个以油墨与纸浆为载体、承载着历史的印刷版报纸，那将是一场国家灾难。你不可能用‘在线’的方式还原新闻纸上的内容……我们需要在书报亭里看到智慧，我们需要在地铁里拿着报纸沉思。我们永远需要一个实实在在的，而不是虚拟空间里的《卫报》。”

谢天谢地，大家都在掐算报纸的“大限”，鲍里斯帮我们找到了报纸永续存在的理由。

报纸之伯乐，非鲍里斯莫属，然千里马还能长啸吗？与其哀叹报纸之多艰，不如站起身来问问自己，我们日夜操劳的报纸，能不能让人看到智慧，有没有值得沉思之处？

我们能否做到，将训练有素的新闻生产握于手中，将精致劲道的精神产品有序呈现，以庖丁解牛的手法关注社会万象、记录文明进程，以不偏不倚、公正客观的眼光，守望信息安全，提供资讯顾问，厘清万千思绪，让我们的文字成为区别于网络海洋的信息管家，让我们的版面成为“自媒体”无法替代的视觉享受，让我们的报纸墨香成为直抵人心的温暖邂逅。

越是喇叭林立、众音嘈杂的广场，越需要公信权威、掷地有声的旋律；

越是茶楼满街、厨师遍地的市场，越需要精心烹制、合人味蕾的珍馐。智慧和沉思，将使这种需求成为可能。

美国新闻学历史学会创立者大卫·斯隆在《美国传媒史》一书中写道：直到现在，报纸的拥护者们仍然宣称在他们的咖啡桌上会一直留着一份报纸，直到第二天的新报将其取代。教授们将笑话和政治漫画剪下来贴到办公室的门上；学生们则在报纸的填字游戏中找到放松心情的方式；人们把剪报寄往各地与朋友们分享，或者夹在家里的《圣经》中……报纸一直是公众获取每日信息的传统方式之一。

这不是报人的呓语。我深信，文字的密林仍然需要精细的织造，传统的手工制作仍然散发着碎片传播无法替代的温暖。在我们身后，已经没有“成熟的玉米地”那样成群结队的读者。一代一代的读者陪伴报纸老去，新生的读者终究会从网络迷阵中醒来，回到报纸身边。

当书报亭像风中的响铃立于城市的转角处，当油墨馨香在床头灯下陪伴倦身归家人，当阅读成为一个时代共同的精神享受，我们将继续在纸上起舞弄清影，绽放最美的笑容。

（作者系三峡晚报总编辑）

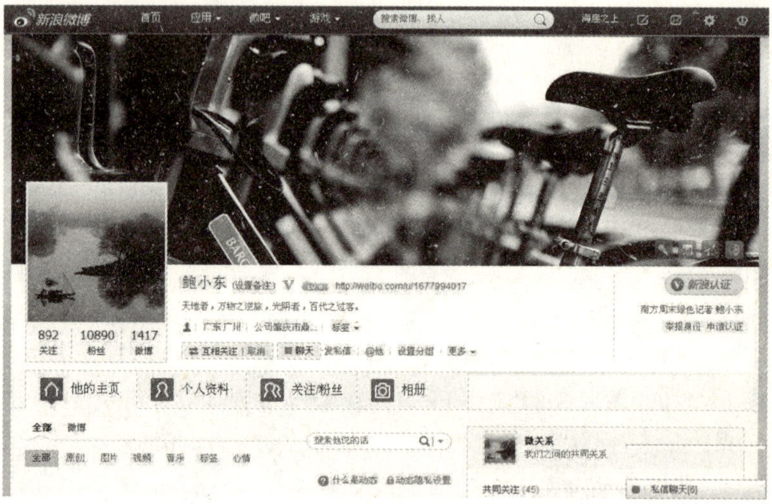

镇上来了个“省里的干部”

□鲍小东

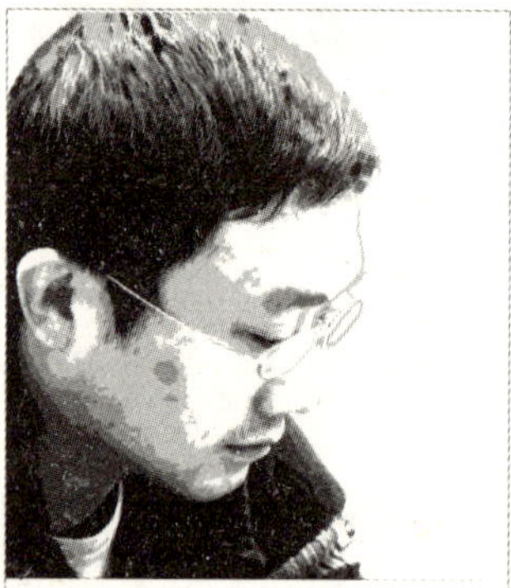

鲍小东

小男孩在宿舍楼下打篮球，有时候他一个人，有时候和一群孩子一起。中午，偶尔会有一个男人从三楼的窗户探出头说：“小朋友，大家都在午睡，可以不打球吗？”

他仰面“哦”了一声便乖乖地走了。他认识这个男人，每天傍晚，这个男人总是从他身边走过，上楼回宿舍。这个男人便是我。我每次经过他时都会帮他思考问题：这个男人是谁？他从哪里来？他的家在哪里？他有一个漂亮的妻子吗？他为什么一个人到这里来？他会不会有一天突然消失于此，就像某一天突然来临一样？

我小时候住在一个小村子里，难得见到一个陌生人。有一天，一群馨香的姑娘来到村里，她们白天养殖珍珠，晚上睡在湖畔的棚子里。她们的笑声非常甜美。这群姑娘几乎成为我对于女人的最初最美的想象。如今，我每次经过这个小男孩时都在想：我留给他的形象是不是也是美好的？这个形象是否会在他的脑海里保留一生？

镇政府有一个搞卫生的大姐，总是把斗笠压得低低的，头上还包着毛巾，我从没看清过她的脸。每天早上见到我，她总是主动找打招呼：包（鲍）镇！我们第一次邂逅时，我正拿着相机围着政府大楼乱拍。她跟我抱怨：他妈的，他们一个月只给我 1500 元工资，要我干完以前两个人干的活，还要我每天干满 8 小时。那个姓陈的镇长还在吗？他很好。

她的口头禅是“他妈的”。在她的眼里，我是个喜欢乱拍的男人，也是一个值得信任、可以倾诉的男人。

一个叫做“沙皮狗”的男人总是喜欢在背后猛拍我的肩膀，大吼一声：阿包（鲍）！然后拦腰抱住我哈哈大笑，露出一嘴残缺不全的黑牙。第一次酒后，他给我递烟，我抽了。这件事情瞬间成为政府大事，所有人都说：只有沙皮狗递烟，包（鲍）镇才会抽。于是乎，无论有没有喝酒，我们一见面，他都要给我递烟。这个小学没毕业、贩过毒、坐过牢、包二奶、开赌场、搞工程、政府选举都要靠他拉票的男人，总是缠着我给他写“论文”（传记）。

我常常想，假如有一个记者正在调查我，他会写出怎样的我？他看到的一切，哪些是真实的？哪些是虚假的？哪些是逢场作戏？哪些又是假戏真做？世界万事万物，都如“我”一般，皆为无比复杂的对象，只有观察者的触须足够发达时，才能捕捉到丰富的细节，并作出正确的判断。

“我跟你说，我的故事，几天几夜都讲不完。”沙皮狗说。在他眼里，我是一个文人。

乡镇卫生院院长刚刚到任，非要我去他办公室坐坐不可。刚坐下，他就说：“这个镇有很多贫困人口，连病都看不起。包（鲍）镇，你能不能找一个基金会报销这些贫困人员看病费用？我不是想从中捞点什么。我都 40 岁了，最大也只能做院长。我不是公务员，也不能被提拔到卫生局去。我只是想真正做点事情。”

接着，他又诉苦：“这个穷镇，很难搞。卫生院是福利机构，收支两条线，办公经费不够用。如今，职工连集体宿舍、食堂都没有。这些天，职工正闹事，因为卫生院已经连续几个月没缴社保了，前任院长挪用了 20 万元社保。他嗜赌如命，我则成了消防队员。”

我慷慨陈词：“我确实有很多公益界的朋友，但是我必须对你有了深入的了解，建立起信任关系后才能帮你。否则，一不小心会毁了自己的形象。”

在他的眼里，我是一个有丰富资源的省里来的干部。

白石坑村委会书记听说我要去他们村住一两个星期，赶紧说：“我们没有住宿条件哦。”

“有没有床？”

“有。但是……没被子。”

党委黎永锋在一旁说：“包（鲍）镇有很多资源，看看你们有什么需要，说不定可以利用上。”

“那好，那好。欢迎，欢迎。被子的事到时候再说吧！”村支部书记握着我的手告辞。

第二次见面是在村委会，他跑上前来握着我的手说：“欢迎来搞活我们的经济。”

当我坐在镇党委书记的车里时，来了一个电话。

“喂……哦……好，好，好……记得带我去泡妞啊。这是政治任务！”我挂了电话。

书记：“包（鲍）镇，会开车吗？”

鲍镇：“不会。视力太差了。”

书记：“视力太差会少了很多人生乐趣哦。”

鲍镇：“恰恰相反。视力差，才会把丑女当成美女。所以我眼中的世界一定比你眼中的世界美很多。”

书记：“哈哈，没想到鲍镇这么开朗。”

我常常想，假如有一个记者正在调查我，他会写出怎样的我？他看到的一切，哪些是真实的？哪些是虚假的？哪些是逢场作戏？哪些又是假戏真做？世界万事万物，都如“我”一般，皆为无比复杂的对象，只有观察者的触须足够发达时，才能捕捉到丰富的细节，并作出正确的判断。

而功利，一味勇猛精进，或者执着于一念，往往限制人的触须发展，继而影响他对世界的感知。对于一个以观察和思考为职业的人而言，这些皆为桎梏。所以每当我听见“老人们”对着年轻人大谈理想时，我总想劝那孩子捂上耳朵。请先教会我们的孩子如何生活。人，首先应当是生活者。

一个深夜，梦醒，我从枕头底下掏出手机，时间是清晨5:01。我用手机记下我在刚才的梦境里所说的一句话：人因趋于功利，使得人生格外短暂。

（作者系南方周末记者，现任肇庆市鼎湖区凤凰镇挂职副镇长）

救人还是拍照？

缘起

12月3日中午，58岁韩裔男子韩基石（Ki Suk Han）与一名黑人在纽约地铁站内发生争执，被后者推下站台后试图爬回站台，没有成功，被进站列车撞死。自由摄影师奥马尔·阿巴西拍下韩基石爬站台的场景。《纽约邮报》4日在头版刊登大幅照片，显示韩基石左胳膊放在齐胸高的站台上，侧转身体，面向一辆驶近的列车。图片说明写道：这个人被推下站台，就快死了。图片下方一条醒目大标题：死定了。

众议

@流淌的额尔济斯河：刚才梧桐山一老人摔倒，大家忙救。本人第一个参与，根本没有拍摄的意识，即没时间也不忍心！反观西方人性主义，却见死不救忙着拍摄，不过如此！和谐气氛让人舒坦、积极传递正能量！

@李萨埵：刚才新闻里看过对他的采访了，纽约政府还是赶紧安排装置安全门吧，可参照上海的部分地铁站台，当然，各站皆有那是最好的。毕竟地铁站台出事肯定不止这一种，也不止这一次。

@兔主席：一是摄影师的见死不救。照片里看不见别人，他应该最近，当然先怨他。他可以给自己开脱，但能肯定的是，慌乱和惧怕丝毫未妨碍他掏相机的本能。他对那人的死有无伦理责任？二是纽约邮报把照片放大配惊悚标题放到头版，这是逐利街头小报哗众取宠的新闻主义。

@霑不濕邦德007：先做人，后做事。

@endor3ming：这事只能推测出拍照那家伙是职业的……原谅有职业病的孩子吧，要怪就该怪那黑人。

@深夜传说：那摄影师为什么会有0.5秒的时间掏出照相机呢？

@ Sonny 徐墨：摄影师怎么不在 0.5 秒内瞬间移动 5 米，然后 0.5 秒内把人拎起来，柔和地划过一道曲线，把人安安稳稳地放置到地上。

@ 梁音暗黑破坏猫：全世界的屎盆子都可以扣在摄影师头上。在那种时刻，救人与否是理性抉择（需要评估救人风险），拍摄与否却是本能反应。摄影的便捷性已大大超越我们所受的各种应急训练的反应机制，恐怕科技的双刃剑便是这样呈现。摄影师真没什么可指责的，倒是编辑呈现的方式生硬，这个本是可控的。

@ goldrockZ：令人做噩梦的照片……在这种情况下（爬上站台已经来不及或者靠自己一个人爬不上来），想了想地铁进站时的速度，是不是顺着地铁前进的方向拼命跑会有一线生机？一来地铁进站时本来已经减速，二来给司机争取了反应时间。不知道拍下这张照片的人卖了多少钱，也不知道他日后看这张照片是否会瘆得慌。

@ 不懂财经的姚晨晨：因为是发生在纽约，看来国外的月亮比中国的也圆不到哪去！

@ uncle 新：只会质疑别人。你去翻翻网上的那些视频图片，中国这种人何其多。这是社会的通病。

@ 野是种姿态：他本能的第一反应就是这个镜头千载难逢——瞬间想到上报后的热烈效应，大概完全忘记这是生死存亡的大事，而且也不是他的生死……

@ 蓝娈兮：道德和职业操守似乎总是很难两全，关键时刻，新闻人到底应该怎么做？

@ 大飞侠老彼得：如果在中国，一定会有人指责地铁公司贪污不装屏蔽门。

@ 我爱 5532：有时候，一个人的职业与社会爱心是很难达成一致的。

@ lujinxm：摄影师与这名遇难者的距离应该和列车与这人的距离差不多，摄影师要比进站列车速度快 1.5 到 2 倍，才能救上这人，其实最应该希望的是，这个可怜的人能自己有足够快去救自己，以他和站台高度来看，他本应该可以做到的，只是事件结果很让人惋惜。

@ 装满晴天的瓶：什么嘛，都别在网络上装高尚。地铁这么快的过来，你能确保你去救他而自己不受伤？你能确保你能把他救起来？别站着说话不腰疼！如果我遇到，我 8 成不会去。

摄影师口述

我当时有拍摄任务，在 49 街地铁站站台等车，我突然听到人们发出惊呼。扩音器刚刚播报列车即将进站，我眼睛的余光看到有个人从空中飞过，落在轨道上。我开始跑，举起相机，相机甚至未被设定到正确的参数。我不停地拍摄并按闪光灯，希望列车司机可以看到什么东西，能够停下来。

我不知道我的拍摄对象是什么，我甚至不能确定相机是否记录下所发生的事情，我只是看到列车驶来。

与此同时，那个肇事的疯子向我跑过来，我担心他把我也推下站台。火车在我到他身边之前就撞上了他，他周围没有人试图把他拉上来。我脑海中一直在想的事情是，当我回首这一切，让我困扰的是，那名男子根本没有惊叫。

……

我得说，我对人们对照片的愤怒感到意外。那些人说：他为什么不放下照相机，把他拉上来？但我不会让那些不做调查研究的批评家干扰我，他们不在现场，他们根本不知道这一切是转瞬间发生的。他们也不知道如果他们当时在场会做什么。

……

当我在当晚很晚的时候最终看到这些图片时，我的心开始狂跳。再次观看事件的整个过程，这很可怕。我根本就没有睡觉。我所能听到的是那名男子的头部与火车相撞的声音：嘣！嘣！嘣！

……

令人感到悲伤的是，那些靠近受害者的人们只是旁观，没有做任何事，你可以在图片上看到这一切。真相是我无法及时赶到那名男子身边，如果我能的话，我是会那样做的。但列车行进的速度超过了我的能力。

（摘自 2012 年 12 月 5 日《纽约邮报》）

纸媒的少年派之旅

□本刊编辑部

你心中的老虎是什么？

70 年前，河南人会说是饥饿；15 世纪以前，玛雅人会说是 2012；今天，报人十之八九会说是新媒体。

玛雅人预言中的世界末日还没到来，纸媒末日论倒是再度泛起。首张 iPad 报纸 The Daily 关张，德国《金融时报》停止纸质版，大名鼎鼎的美国《新闻周刊》插上草标苟延岁月……一切，似乎都在验证着那些先知的预言。

预言靠谱的话，玛雅人又怎么会灭绝。如果灭绝是一种宿命，那么，行到水穷处，何妨劈出一线天。

少年派的奇幻漂流，很多人将奇迹归结于信仰。即便真有，那信仰也是派对自己命运的拼死把握。在狂风暴雨中挣扎的小舟，恰是一个少年不屈的灵魂，而那滔天巨浪，不过是少年对命运沉浮发出的桀骜不驯的呐喊。

今天的中国纸媒，正漂流在少年派的奇迹之海上，正需要把握自我命运的信仰。

不要抱怨商业和政治的雷电交加吧。一百多年的诡谲历程，一路上的魔幻瑰奇，莫言的小说，也不过是其中一面小小哈哈镜罢了。保持对人的命运的兴趣，保持对纸媒命运的信心，“那些人类最阴暗面”才终会出现在新闻上，出现在与读者见面的新闻上。坚守，是突进的根基，信心比黄金更重要。

不要艳羡和恐惧微博、新媒体的庞大体量与能量吧。和巨鲸共舞，与鲨鱼同游，羚羊与猎豹齐驰骋，才是大自然最正常的生存法则。一壶老酒别样浓，一树老枝发新芽。逆境中的潜力，不可估量。看似体孱力弱的派，不就驯服了凶猛的老虎吗？令人担忧的不是实力，而是能力。自我矮化，自我解除武器，才最令人伤心。就像王辰瑶说的：“之所以出现纸媒为微博‘背书’，职业新闻炒网络热点‘冷饭’的现象，并不是职业的新闻生产机构不再‘把关’，而是它们的把关能力变得低下的结果。”

不要计较一时一地的得失吧。是的，报刊陆续在关门；是的，报刊陆续在开张。既然选择了地平线，留给世界的只能是背影；只要不被自己心中的老虎打败，总有机会抵达全新的彼岸。

那里，一定不是食人岛。不是食报岛。